獻給

倫敦國王學院

所有修讀國王學院 AKC 課程的學生。

系統神學叢書

基督教基督論

伯理奇、古爾德 著

區秉中 譯

▼

系統神學叢書

基督教基督論淺析

Jesus Now and Then

作者
伯理奇 Richard A. Burridge
古爾德 Graham Gould

翻譯
區秉中

責任編輯
林諾欣

裝幀設計
奇文雲海．設計顧問

■

出版／發行
基道出版社
香港沙田火炭坳背灣街26號富騰工業中心1011室
LOGOS PUBLISHERS
Unit 1011, Fo Tan Ind. Centre, 26 Au Pui Wan St., Shatin, Hong Kong
電話：(852) 2687-0331　傳真：(852) 2687-0281
網址：http://www.logos.com.hk

承印
陽光印刷製本廠

●

12/2009 初版
Cat. No. LP246
ISBN: 978-962-457-391-6

Original Edition "Jesus Now and Then"
Published by Society for Promoting Christian Knowledge

Printed in Hong Kong

刷次	10	9	8	7	6	5	4	3	2	1
年份	2018	2017	2016	2015	2014	2013	2012	2011	2010	2009

序言

時間還未到中午，但倫敦國王學院（King's College, London）的禮拜堂已擠滿過百位來自各學系的本科生——科學家、律師、牙醫和醫生、語言學家、哲學家、人文及社會科學的學生——他們擠滿教堂內的靠背長椅，而其他人就坐在通道的跪台上。影音技術員檢查攝影機的角度，並在位於禮拜堂下面那大禮堂內的巨型銀幕上設定電視同步轉播，在那裏，那些未能進入禮拜堂的人開始多起來。當我們調校身上那領帶夾型的無線電麥克風，以及檢查鐳射唱片播放機的設定是否妥當時，我的思緒回到過去的日子。我想知道，遠在一百七十年以前，國王學院的創始人會怎樣理解這一切東西呢？

那羣來自不同年齡、種族、膚色、信仰及文化，並穿著牛仔褲及運動衫的學生，聚集來聽新學年國王學院 AKC 課程（Associateship of King's College）的首次講座。國王學院這個學位，是學院於一八三五年首個頒發的學術資格。當時，學院剛由英王喬治四世（King George IV）創立了好幾年——在創立以前，一些人包括戰勝滑鐵盧（Waterloo）戰役的韋林頓公爵（Duke of Wellington），及隨後的首相並坎特伯雷（Canterbury）大主教，為了抗衡那新創立而又沒有宗教傳統或要求的倫敦大學學院（University College London），便發起運動去爭取一所具英國聖公會（Church of England）傳統的學院。所以，此課程提供了關於道學（divinity）及神學的課目，而這些科目在本質上是為要幫助學生把他們的學術研究，跟基督教信仰及他們所身處的世界聯繫起來。若他們在考試上取得合格，並獲得老師那份滿意的報告，而且穩定地出席禮拜，他們就可以被選而作為國王學院的 AKC 畢業生。約在一個世紀後，當已被併入倫敦大學（University of London），而國王學院的宗教考試也被廢除——但國王學院這課程的傳統卻一直延續下去。在世界各地，學院的畢業生自豪地展示那幾個排列在他們名稱及所獲得的學位簡稱後的字母"AKC"，以顯出他們曾額外修讀這些課程。今天，國王學院是一個龐大的企業，擁有一萬八千名學生及四千名員工，他們被安排在倫敦中部泰晤士河（the River Thames）兩岸幾個地點上課及工作：除了那些在禮拜堂內外的學生，很多其他的學生於那週較後時間，會在其他地方觀看當日的視像錄影。然而，讓學生在修讀他們的本科之餘，也反省基督教信仰及神學、聖經研究及教義、倫理及道德哲學、宗教經驗及其他信念等這些核心觀念，這個做法的目的，在當下仍與昔日一樣，因為我們嘗試把國王學院創辦人起初的願景與今天聯繫起來。

除此之外，是次的講題也有類似目的：耶穌——當下與昔日（Jesus, now and then）。正當我們進入第三個千禧年，其誕生成為首個千禧年的起始點的那一位，跟我們有何相干呢？可是耶穌一直吸引著人，在過去二千年如是，在二十一世紀也如是。在這新學年秋季的九次講座中，我們將會嘗試了解為何耶穌在**當下**（now）——即今天——仍有這樣的影響力，並且回顧祂的生平、死亡及祂對**昔日**（then）的人並一世紀基督教會的影響——而且會看看所有那些古老的爭辯在今天是否與我們有關係。是次講座由我們兩位負責：國王學院院長伯理奇（Richard Burridge）牧師 / 博士，他是位專研耶穌與福音書的新約聖經學者；另一位是神學與宗教研究系講師古爾德（Graham Gould）博士，他則是研究早期基督教教義及崇拜的專家。

其後不久，倫敦的基督教知識傳播社（The Society for Promoting Christian Knowledge, SPCK）的編輯麥柯莉（Ruth McCurry），前來尋找一本專門探討關於耶穌的書，而她卻驚訝地發現，有這麼多的學生來禮拜堂聽國王學院 AKC 課程的講座，因此，她構想出一本以關於耶穌——當下與昔日——的課程為本的書，使這內容讓更多在國王學院以外的人知道。由於我們只能著手撰寫「當下與昔日」這部分，我們要找一位可以把課堂錄音帶轉為此書的初稿之編輯。柯琳斯（Jane Collins）多年來是位作家、編輯及出版人，她願意承擔這任務——坐下來看錄影帶及聽錄音帶。我們十分感激她對此書的願景，也感激她辛勞預備初稿，讓我們可以修改及重寫。我們也想感謝麥柯莉及她在基督教知識傳播社的同事參與此書的編輯工作，也感謝我們美國出版社厄爾德曼（Eerdmans）設計及出版此書。

與原本的講座一樣，此書也是一個共同努力的成果。伯理奇負責第一部關於新約聖經的部分，而古爾德則負責第二部關於初期教會的部分。我們共同撰寫第一章——伯理奇寫第一及第三節，分別關於今日的耶穌及關於祂的早期觀念，而古爾德則寫第二及第四節，那分別是關於基督教傳統及對這傳統的解釋。

最後，我們要感謝國王學院的學生，他們的熱忱及興趣，使在國王學院 AKC 課程裏的教學工作成為一種光榮。由於他們本身也結合了所有信仰及信念，所以我們期望此書會吸引教會內及教會外的讀者：即任何想知道，**昔日**為何耶穌那麼重要以致要以祂的誕生來設置日曆的人，並且吸引那些想知道祂在**當下**——即今天——還可能會對我們說些甚麼話的人。

伯理奇牧師 / 博士
古爾德博士

目錄

第二部　初期教會

1 耶穌——當下與昔日

當下的耶穌：第三個千禧年的起始點

正當新千禧年來臨——伴隨著所有籌劃要進行的慶祝活動及好些被預測要發生的大災難，讓人真的感到有些重要的事情將要發生。隨著時鐘上那一滴答聲，一個世代就到了它的盡頭，而另一個世代則隨之開始。這時存在著一個很大的期望，從那時開始，這期望使那些在我們個人生活及世界政局所發生的一切事情難以被記念。在那個氣氛中，很多人或會首次想到，他們到底在慶祝甚麼。為何會有二〇〇〇年呢？

自從那一位——祂比任何人更可以被視為真正把歷史一分為二的人——出生之後，至今已有二千年。我們對這位被稱為拿撒勒人耶穌的人，有甚麼認識呢？那竟是令人驚訝地少！而我們所知的也不是很具有價值的。祂未嘗進學校去，或許也不懂得讀書寫字，縱然祂可能曾好好學習如何讀猶太律法書卷。誠然，我們沒有任何祂所寫而給流傳下來的東西，也沒有任何證據顯示出祂曾寫作。

我們甚至不知祂誕生或死亡的日子。當然，理論上，耶穌是生於公元一年，但這是根據公元五三三年（小）狄尼修（Dionysius Exiguus；這是 Dennis the Short 的拉丁文名稱）的計算，不過結果卻發現，他的計算是有誤的。耶穌其實於較早一點的時期出生：那可能是公元前四年或六年。祂過了一個很短暫的人生，而且祂大多數日子也是身分卑微、貧窮，生活於羅馬帝國邊緣羅馬省分的北部，祂曾是一位工匠，也許是一位木匠或技工。祂曾有一段短時期成為公眾人物，但我們不知那發生於何時或維持了多久。馬可福音似乎是記錄了一些可以在幾個月內發生的事件；約翰福音卻把它的時間延長至兩、三年。

然而，不論這段時間有多久，耶穌都把時間花在這個羅馬帝國邊緣的省分，四周遊走、宣講及教導，而祂從未踏足離祂出生地幾百里外的地方。在祂冒犯當權者、被逮捕及處決之前，祂作為一個教師、宣講者及醫治者，得到當地人的歡迎。

但乍看之下，這背景並不會使人留下深刻印象，所以我們使用的日曆以祂為中心，是一件極之異常的事。有些人不採用 BC（Before Christ；即「在基督前」）及 AD（*Anno Domini*；即「在主的年日」），而選用了 BCE（如有些指出 BCE 即是：Before the Christian Era〔基督紀元前〕或 Before the Common Era〔公元前〕）。但我們參考這點，日子仍是以祂作為指涉點來計算的。儘管我們對祂只有些微認識，也不管你對祂的看法是甚麼，耶穌從起初對祂身邊的人及對之後千百萬人的影響便足以表明，在不理解關於拿撒勒人耶穌的事情底下，我們不可能對我們的歷史及文化有深入的理解。

究竟那是誰的千禧年？

我們的文化為耶穌迷著。當位於倫敦格林威治（Greenwich）的千禧巨蛋（Millennium Dome）首次被提出時，這概念就是要看看我們在二〇〇〇年時的情況——包括身（Body）、心（Mind）、靈性（Spirit）。當然，一提到「靈性」，人們便在問：「啊！關於誰的生日，這怎樣呢？若在某些方面祂不被牽涉在內的話，那不是真的有點古怪嗎？祂不是應該被邀請到這個派對嗎？」這導致一個關於靈性區域（Spirit Zone）的大爭論，這區域後來改名為信仰區域（Faith Zone）——這地方是為了理解拿撒勒人耶穌是誰，也為了理解祂及其跟隨者在過去二千年來給世界所帶來的影響，以及在進入第三個千禧年之際，所有信仰在多元文化社會中的角色的。

我被邀請為千禧巨蛋撰寫很多關於耶穌的文章，包括那篇信仰區域的開幕致辭，以及那篇在官方記念小冊子內的引言——那是緊接著英女皇的序言之後的。六百萬人曾到訪過千禧巨蛋。至於信仰區域，我們與英國廣播公司（BBC）一起拍攝了八齣電影，內容關於耶穌與其跟隨者對英國人各方面生活的影響——在崇拜上的影響是明顯的，但也涉及對教育、復康、保健制度、司法、解放運動、生活及社會的影響。我也參與過一個在倫敦特拉法加廣場（Trafalgar Square）國家美術館（National Gallery）所舉行名為「觀看拯救」（Seeing

Salvation）的大型展覽。這展覽評價了耶穌的生平、死亡與復活在二千年間對西方藝術之影響。再次，有很多人前來欣賞。在二〇〇〇年，你不能離開耶穌，而祂的生平及教導所產生的漣漪，至今一直延伸開去。

一個千禧年的生日派對

雖然嬰孩耶穌的誕生至今已有很多年，但祂一直發揮著巨大的影響力。基督徒相信祂是上帝的兒子；穆斯林（Muslims）崇敬祂為一位先知，至於其他人——包括錫克教徒（Sikhs）及印度教徒（Hindus）——尊重祂為一位宗教教師。很多無宗教信仰人士被祂的教學、醫治及解放的人性榜樣所啟迪。二千年後，這個「生日派對」邀請我們所有人——不論我們的信念是甚麼——來回顧在耶穌誕生後的世代，並前瞻新千禧年的挑戰。（摘自千禧體驗〔Millennium Experience；即千禧巨蛋〕的官方小冊子，頁 7）

萬世巨星耶穌基督

若你在黃昏外出，所為何事？倫敦與百老匯皆重演賴斯（Tim Rice）及韋伯（Andrew Lloyd Webber）的搖滾歌劇《萬世巨星》（*Jesus Christ Superstar*）。這劇以加略人猶大作為主要角色，他投訴耶穌的跟隨者有「太多天堂在他們的心思意念中」。歌劇中很少提及耶穌的教訓，但卻依照耶穌最後一週的生平編排，它特別採用了約翰福音的記載。在猶大出賣耶穌後，他唱著那繞梁三日的歌曲《耶穌基督萬世巨星》（*Jesus Christ Superstar*）。在歌曲中，他表達出自己不理解耶穌是誰，也不明白正在發生甚麼事；他懷疑，耶穌本人是否知道自己是誰，以及自己作出了甚麼犧牲？

在多方面，猶大重覆著作詞人賴斯及很多提出「這人是誰？」這問題的人之心聲。在歌劇的另一部分，抹大拉的馬利亞唱了一首優美的情歌《我不知如何愛祂》（*I Don't Know How to Love Him*）。在歌曲中，她說到耶穌只不過是一個人，然而在某程度上又顯示出，她開始想到祂或許**不**只是一個普通人。這歌劇的唱片有很高的銷量。在倫敦及紐約，它發展及形成為舞台劇、電影，以及最近在舞台重演。

在《歡樂福音》（*Godspell*）中，耶穌成了一個小丑：再一次，這是一套舞台劇及電影。它反映了一九六〇年代末及一九七〇年代初的時代的情況——即是耶穌與佩花嬉皮士（flower children）及嬉皮士文化（Hippie culture）。這劇內容包括很多取自馬太福音的比喻之論述，以及許多歡愉與耍樂。有趣的是，兩套劇也是以耶穌的死作為結束，卻沒有描述祂的復活。《萬世巨星》以耶穌的葬禮為主題並配以安寧的音樂作結，而《歡樂福音》則以祂的遺體被抬起、穿越舞台作結。

耶穌去了好萊塢

好萊塢（Hollywood；或譯「荷里活」）對耶穌這人物著迷：祂似乎是票房上的頭條新聞。一九二七年，迪米爾（Cecil B. de Mille）的經典默劇《萬王之王》（*King of Kings*），是一個在電影上對耶穌所作那過度的又十分虔敬的描述。在一九五九年，迪米爾聲稱已有八億人看過該片；他亦聲稱，除了聖經之外，他藉著該片比起藉著任何其他東西，已向更多人介紹耶穌。在一九五〇及一九六〇年代期間，一連串好萊塢大型製作湧現出來：由一千五百萬美元的史詩式製作並由查爾登希士頓（Charlton Heston）主演的《賓墟》（*Ben Hur*；譯按：或譯「賓漢」），到《暴君焚城錄》（*Quo Vadis*；編按：或譯「元老院」）、《聖袍千秋》（*The Robe*）、《壯士千秋》（*Barabbas*；譯按：或譯「巴拉巴」）——全部也是嘗試重構耶穌的時代，以及展示那些與祂接觸過的人。在一九六六年，曾公開承認自己為無神論者（atheist）及馬克思主義者（Marxist）的柏索里尼（Pier Paolo Pasolini），製作了一齣黑白電影《馬太福音》（*The Gospel according to Matthew*），他並將這齣電影獻給教宗保祿二十三世（Pope John XXIII），而且這齣電影明顯對馬太福音作了忠實的重新演譯。

在一九七七年，澤菲雷利（Franco Zeffirelli）的《拿撒勒的耶穌》（*Jesus of Nazareth*；譯按：或譯「萬世救主」），是一套六小時的大型電視製作。它以一個十分虔敬的態度來整合所有福音書內容，並且包括復活的情節。但派森（Monty Python）的《布萊恩的一生》（*Life of Brian*；譯按：又名「萬世魔星」），卻以一個不虔敬的態度隨即接續上映。《布萊恩的一生》採用了跟澤菲雷利完全一樣的演出風格，但其中的主角布萊恩（Brian）卻**不是**（not）耶穌。這電影明確地表達出，這是關於一個跟耶穌相似，但卻經常出錯的人的故事。電影幕後創作團隊其中一位組員克萊斯（John Cleese）表示，當時正因為他們認為不能拿一個像耶穌那樣好的人來開玩笑，所以他們便要展示一個嘗試作耶穌所作的、但卻往往在他所作的事上出錯的人。

一九八九年阿坎德（Denys Arcand）的《蒙特婁的耶穌》（*Jesus of Montreal*；編按：或譯「蒙特利爾的耶穌」）及一九八八年史高西斯（Martin Scorsese）的《基督最後的誘惑》（*The Last Temptation of Christ*），都引起很大爭議。史高西斯的電影改編自卡贊扎基（Nikos Kazantzakis）一本希臘文的原著小説。這本小説集中描述耶穌面對那只想擁有一個平凡生活的試探——妻子、兒女、性、家庭等等——的掙扎，並顯示出祂即使在十架上仍幻想著擁有這些東西的可能性。阿坎德提出一個現代受難劇的敍述，而這劇是以蒙特婁（Montreal）為背景的，它也導致那位扮演耶穌的演員、宗教領袖們及市政府之間發生衝突。再近期，沃茨（Murray Watts）及英國第四台威爾斯頻道（Channel 4, S4C）製作了《行神蹟者》（*The Miracle Maker*）——即一齣電影動畫，由法因斯（Ralph Fiennes）、克理斯蒂（Julie Christie）及理查森（Miranda Richardson）分別為耶穌、馬利亞及抹大拉的馬利亞配音。在二〇〇〇年暑期，它在英國戲院上映了幾個月，並在第三個千禧年開始之後的幾年，成為英、美兩地復活節的電視電影。

還有很多其他電影，雖然沒有明顯提到耶穌，但也探索了相關的主題。盧卡斯（George Lucas）多齣《星球大戰》（*Star Wars*）電影（1977、1980、1983、1999、2002 年），均注意到善與惡之間的戰爭、力（Force）的正面與反面，並自我犧牲的重要。史匹堡（Steven Spielberg）的《E.T. 外星人》（*E.T.: The Extra-Terrestrial*；1982、2002 年），是關於一名從天上來的人物，這人物只能被兒童了解，卻被當權者所反對，並經歷死亡以及在人們向它表達愛意時復活過來，之後再上升返回天上。電影《黑客帝國》(*The Matrix*；華納〔Warner〕作品，1999年；譯按：或譯「二十二世紀殺人網絡」或「駭客帝國」)，同樣採用很多關於耶穌的母題(motif)。在電影中尼奧(Neo)被描述為「那獨一者」(The One)，並與那稱為特蕾妮(Trinity)的女士並肩跟邪惡爭戰，甚至最後以他的死亡，並之後的復活及升天作結。

所以，在距這位四處流浪的猶太教師二千年之後，仍有大量不同的解釋被推出。這位至今仍然甚具吸引力的耶穌，如何跟我們所認識的那昔日的耶穌一致呢？且先讓我們看看傳統的基督教觀點。

昔日的耶穌：傳統的基督教觀點

基督徒在傳統上如何尊崇耶穌？

關於耶穌的傳統基督教觀點是：祂既是神聖的也是具有人性的，或者，祂是道成肉身(incarnate；意即「成為肉身」)的上帝；以非正式的辭彙說，耶穌是來到地上的上帝。由四至六世紀起，作為正統基督教的教導，這觀點是一個近乎不會被挑戰的立場(當時有些極端派開始否認它)，而時至今日，這觀點仍是主要基督教教會所持守的，包括羅馬天主教(Roman Catholic Churches)、正教會(Orthodox Churches)、十六世紀宗教改革運動(Reformation)的教會，包括英國聖公會及普世聖公宗團契(Anglican communion；譯按：或譯「安甘立宗」)、現代福音派、靈恩派及五旬宗教會。

當然，在云云自稱為基督徒的人之中（包括上述教會的部分會友），也存在著一些關於耶穌的另類觀念，我們稍後將會探討其中一部分，而在當下，傳統的觀點才是我們興趣的焦點所在。這傳統觀點清楚以英國聖公會〈三十九條〉（Thirty-Nine Articles）的第二條那十六世紀的語言來表達出來，而英國聖公會〈三十九條〉的第二條，是以大多數正統基督徒所能接受的辭彙來說明的：「子即父之道，自父的永恆所生，為永恆之上帝，與父同體（one substance），在蒙恩的童貞女的腹中取了人性，有她所具之體；因此，有兩種純全之性，即神格（Godhead）和人性，在一位格裏聯為一體，永不分離。」〔編按：譯文參考章文新（Francis P. Jones）主編：〈三十九條（一五七一年訂定）〉，載《歷代基督教信條》，湯清編譯（香港：文藝，1970），頁 214，並稍作改動〕這觀點在初期的基督教教導中是怎樣產生出來的呢？

耶穌對初期教會的影響

首批基督徒因反思他們在教會初期的經歷，而開始思考「耶穌是誰」這問題時，那叫他們印象深刻的，不單是耶穌的教導，或祂生命的素質，或祂所行的神蹟，甚或是祂作為一名殉道者死去這事實，即是作為猶太宗教的當權者與羅馬侵佔勢力同謀下的犧牲者。在所有關於耶穌的重要性的初期基督教解釋之中，最核心的是：上帝在耶穌被釘十架後第三日使祂從死裏復活過來。

在使徒行傳二章 24 節，彼得以耶穌的神蹟及被釘來總結了祂的一生，之後便說：「上帝卻將死的痛苦解釋了，叫他復活，因為他原不能被死拘禁。」若沒有復活，那就沒有具意義的耶穌故事可以述說——沒有基督教運動，也沒有關於耶穌的問題讓在差不多二千年後的我們來思考。不論我們實際上所相信的復活概念是哪種意思——不論肉身復活是否可能，又或者如果真是肉身復活，那麼（按福音書所述）當耶穌復活及祂的墓穴被發現為空時，到底實際發生了甚麼事呢——事實上，首批初代基督徒所經驗到的是：耶穌是一位復活了、活著的及臨在的人物，而這經驗使基督教教會開始發展起來。

但是單單相信耶穌復活，並不一定需要相信祂的神性。要解釋基督徒為何會相信耶穌既是上帝又是人，我們需要去考慮其他因素。

當基督教日漸擴展，它很快便超越其原本在猶太巴勒斯坦的地理背景以外的地方，進到希羅世界——即一個由操希臘語的文學、藝術及智性文化（這智性文化藉哲學、歷史、醫學及科學那悠久著作傳統表現出來）所主導的區域，尤其是圍繞地中海東部的地區。很多歸信基督教者是透過希羅文化的鏡片來看耶穌，而他們會把一些他們所熟悉並用來表達宗教虔誠或意念的文化概念，應用到耶穌身上。

■神聖的人或救主

其中一個概念是「神聖的人」（divine man）或「救主」（saviour）——祂從天上來，為要給地上的人帶來某種形式的拯救，或救他們脫離那地上的及暫時的生命。把耶穌視為神聖的人的解釋，會使人更容易看到，耶穌不單是一位道德及靈性教師，也不單是一位憑其復活來表明上帝認同祂的殉道者，而是一名即使活在世上時已是一個屬天的、超自然的人物。

新約聖經學者不認同，在我們閱讀福音書的耶穌生平時，以神聖的人或來自天上的救主的神話（myth）這向度來塑造耶穌這人物；並且他們擔心在某方面，這會否影響基督徒就「耶穌作為上帝啟示來源的獨一性」所宣稱的真理性。誠然，我們不清楚，除了耶穌之外，神聖的人的神話至今曾在甚麼程度上被用於**歷史性**人物（historical figure）之上。（最佳人選是一或二世紀異教〔pagan〕行異能者提亞納的亞波羅紐〔Apollonius of Tyana〕。他那本由菲洛斯特拉特斯〔Philostratus〕所寫的傳記，似是刻意把他描述為耶穌的異教對手。）

然而，看來很清楚，耶穌被具希臘及羅馬宗教背景的基督徒，以這些辭彙來解釋。換句話說，耶穌作為一個超人類的救主，這觀念可能在希羅基督徒中比在猶太文化中，更容易被確立起來。

■對耶穌的崇拜

伴隨著這神聖的人或救主的觀念的是，那把復活的耶穌作為崇拜的對象這觀念。耶穌既被認為如上面所描述的，他自然被那些具有希羅背景的基督徒所主動地崇拜。但即使沒有希羅文化的影響，基督徒也被驅使去崇拜這位復活的耶穌。

耶穌是主（Lord；參路二十四3；約二十28，二十一7；徒七59），而這位主是基督徒宗教生活及信念的核心，活躍於他們的生命中，施行神蹟，在困境中支持他們，並且同時給予他們那現在及將來之拯救，而這拯救惟獨藉著祂才可得著（參徒三 12～13）。即使是猶太基督徒，他們也不會長期否認耶穌在地上生活時及復活後那神聖的身分。但是，崇拜耶穌及相信祂的神性，對於那些在猶太教一神論式的（monotheistic）宗教背境下成長的基督徒而言，會引起真正的問題。一個過著人類生活的人，怎能被看作是神聖的、並作為崇拜的對象呢？

他們所繼承的信念（當然這同樣是希羅基督徒在歸信基督教時所接受的信念），與他們在耶穌裏所經歷的信仰要求之間產生張力，迫使這些基督徒開始對「耶穌是誰」作更概念性的思考，並且使三一及道成肉身的教義在教會最初幾個世紀裏發展起來。

三一及道成肉身的教義之根源

三一的教義認定上帝的兒子是三一神聖位格——父、子及聖靈——中的一位。道成肉身的教義教導著，即使耶穌在世活著的時候，祂也並非單單一個普通人，祂是上帝那取了肉身的兒子。

■上帝的兒子

耶穌以獨特的方式作上帝的兒子，這信念在部分初期基督教思想中廣為流傳。但即使這信念加上對復活的認信，它本身也不必然暗示出耶穌的神性，因為「上帝的兒子」可以是一個給那作為上帝的人類代表或使者的榮譽稱號——上帝所賜予的一個位置——即在其地上生活過後能站在上帝右邊的位置（參可十四 62；徒二 33）。但是，如早前曾提及的，初期基督徒根據他們對復活的耶穌之經歷，有充分的理由把耶穌言說為神聖的。為了把這信念發展為一套教義系統，他們所需要的，是一概念工具或神學術語，讓他們把耶穌思考為神聖的、而又沒有否定上帝的統一性及獨一性——即他們的猶太遺產。

■上帝的道

在二世紀的基督教，那概念工具可以在「耶穌作為上帝的道」(Word；希臘文為洛格斯〔*Logos*〕)這觀念裏找到的。在新約聖經中，這是一個指向耶穌的辭彙(約一1、14)，但若非它也常見於希臘哲學裏，它也不會成為基督教思想中如此重要的概念(所以再次證明，初期基督教的希羅文化處境是很重要的)。在當代哲學中(尤其是中期柏拉圖主義〔middle Platonism〕)，道被理解為把超越的(transcendent)上帝(或用哲學的辭彙來說，就是那獨一或至高的理智〔the One or supreme Mind〕)與世界關連起來的途徑。世界藉著道得以成形，同時也靠著道得以按上帝的護佑(providence)而被整理及管治。

在新約聖經中，一些跟確認耶穌為上帝的道(這辭彙是以其當代的哲學來理解的)配合的觀念，可見於約翰福音一章、保羅書信(林前八6)、歌羅西書(西一15——若歌羅西書並非出於保羅之手)及希伯來書(來一2)。它們都把耶穌看為上帝藉以創世的那一位。這證明，關於「上帝的兒子作為一位天上人物，有分於上帝的永恆，並且在耶穌裏成肉身以前、於創世工作上協助上帝」這個觀念，並非完全從哲學引進到基督教的思想之中的。

■簡樸之喪失

然而，在某程度上，把耶穌確認為那創造及支撐萬有的上帝之道，這難免表示著，思想耶穌的角度正從對福音書所描述的耶穌或教會的復活主所作的個人回應，轉而以更抽象及概念性的辭彙來思想祂。這個在哲學方向上的轉變，對很多人來說，尤其自從十八世紀以來，已顯得是基督教在思想耶穌的過程中，簡樸（simplicity）及自發性（spontaneity）那令人遺憾的喪失。但是，若沒有這個轉變，在二至五世紀的正統基督教思想家，便難以清楚表達他們對耶穌那既是神聖的又是人性的信念。（我們將會在第八章更深入探討在初期教會中那視耶穌為上帝的洛格斯或道的教義，也會探討其他不太正統的觀點。）

三一與道成肉身教義之正式陳述

只有在四及五世紀，「耶穌作為成肉身的上帝」這傳統觀念是需要以那些被所有基督徒——在理論上——接受的辭彙來定義的。在這過程中最重要的里程碑，是在尼西亞（Nicaea，公元 325 年）及迦克墩（Chalcedon，公元 451 年）——兩個位於小亞細亞，並且也位於操希臘語的基督教那心臟地帶的城市——所召開的教會會議。

■尼西亞會議

尼西亞會議（Council of Nicaea）是第一個全體基督教會的會議（或更準確地說，那是被羅馬皇帝君士坦丁〔Constantine〕所召集的基督教主教的會議）。這會議之目的並非要宣佈三一教義，彷彿這教義是一些還未被基督徒所相信的東西：這會議是要澄清三一教義的意思，為要排除那些被視為非正統的或異端的解釋。會議特別是要打擊神學家亞流（Arius）的觀點：亞流認為，上帝的兒子雖是那位曾降世成為耶穌的先存存有（pre-existent being），但這位上帝的兒子其實也是受造物，而非從父上帝自己的神聖存有（divine being）所生的兒子。與這觀點相反，這會議聲明，上帝的兒子是與父「一體」（of one substance）的——換句話說，耶穌的神性（作為成肉身的上帝兒子）與父在質（quality）上相同，而這兩位位格（person；尼西亞會議除了確認了關於聖靈的信念（belief）外，沒有多提及祂的位格）在本體（substance）、本性（nature）及能力（power）上，也是統一的。

■迦克墩會議

尼西亞會議為作為上帝兒子的耶穌與父之間的關係下了定義，但並未解答耶穌應如何被理解為既是上帝又是人這個問題。在四至五世紀，不同的觀念仍然繼續被持守，包括（在小數的神學家當中）那認為耶穌嚴格來說根本不算為人的觀念。但迦克墩會議（Council of Chalcedon）就為那些被正統基督徒所接納的關於耶穌的信念，設下界限。這會議以基督徒一直普遍接受的辭彙，為耶穌的神性與人性之間的關係下定義：耶穌被認為是「具兩性」（in two natures）的，即神性與人性，而且這兩性在一位位格上結合起來。

這定義及尼西亞會議所採用的語言都是哲學性的，其中所用的辭彙如本體、本性及位格，也是希臘哲學的常用字彙。若要掌握「耶穌在同一個個體中可以既是上帝的神聖兒子、也是一個人」這本身弔詭的宣稱那背後的真理（如正統基督徒所視之為真理的），那些辭彙就需要被謹慎地解釋及理解。尼西亞及迦克墩會議為正統基督教信念下了定義，但在智性上的辯論及作出更細緻定義之嘗試，已經繼續下去，而這些辯論及嘗試往往基於對初期教會確立耶穌神人二性身分之方式的新研究，或是基於對那些我們在這章稍後部分會討論的新的神學觀點的接納。

再解釋耶穌

宗教上的爭論

有關耶穌這人物那眾多不同的觀點及爭論，當下已不是甚麼新的東西。自始以來，人們對於祂曾經是誰及現在是誰，並且祂的生與死到底有何意義，都有著激烈的討論。這些爭論導致新約聖經的書卷在一世紀出現，並且這些爭論在繼後幾個世紀持續，因而導致道成肉身及三一的定義的出現。這些在關於耶穌的解釋上之爭論，並非只限於基督徒——這些爭論影響世界上所有主要宗教傳統，並且在教會以外的學術界及在普羅大眾中也引起爭論。

在公元七十年猶太戰爭之前，基督徒被視為猶太教中的一個社羣。猶太人是由多個不同信念的社羣所組成的，但它們都奉行猶太的宗教原則。只有法利賽人及猶太基督徒在戰爭及耶路撒冷被毀後存留下來，他們成為重建拉比式猶太教（rabbinic Judaism）的主要力量。但從這時起，拉比式猶太教與初期教會不可避免地各走各路，而其他社羣如愛色尼人（Essenes）及撒都該人便消聲匿迹。

耶穌時期的猶太社羣

1. **撒都該人**，大部分是耶路撒冷的貴族，他們跟羅馬政權合作；他們與祭司長也有聯繫，而且以參與祭祀及禮儀而活躍於聖殿當中；摩西五經（Pentateuch），即聖經的首五卷書，是他們靈性的中心；他們並不相信死後有復活。
2. **法利賽人**，主要是一個非祭司階層的更新運動，他們嘗試解釋所有猶太人的經書，包括口述傳統；他們相信復活及潔淨律法的重要性；他們出現在全國的會堂及各羣體之中。
3. **愛色尼人**，包括那些對聖殿及潔淨持有特別嚴謹觀念的祭司及平民；作為排他主義者（exclusivists），他們大多數退隱到沙漠的羣體中，如撰著死海古卷的昆蘭（Qumran）羣體一樣。
4. 至於其他派別，他們對猶太律法及信念的「熱心」，不會驅使他們退隱，反而會積極武裝起來對抗羅馬；他們中間有些人被稱為**奮鋭黨**（Zealots），其他則被稱為匕首黨（*sicarii*；譯按：又稱為「刺客黨」）——即攜匕首者——或我們所謂的「自由鬥士」（freedom fighters）。

關於耶穌的討論由新約聖經時期一直延續至今，當中有不少猶太學者研究新約聖經及耶穌的位格。有些人看耶穌是一位老師或拉比——像當時其他拉比如希列（Rabbi Hillel）——卻非成肉身之上帝。另一方面，由於在猶太人與基督徒之間的關係上曾有一段不幸的歷史，這對於那些堅持「耶穌與猶太教沒有相干」的猶太人來說，關於耶穌的討論仍是一個十分敏感的議題。

對於穆斯林而言，耶穌被尊為一位在亞伯拉罕、以撒及摩西之後的先知。他們接受祂是童女馬利亞所生的兒子（《古蘭經》〔Qur'an〕十九章 30 至 40 節），並且他們不會質疑祂的教導及醫治事工。但是他們相信祂並沒有死在十架上，而所死的只不過是祂的一個肖像而已（《古蘭經》四章 156 至 159 節；譯按：馬堅的古蘭經中文譯本沒有提及一個跟耶穌相似的模樣。英文譯本 SHAKIR 也只是說 "and they did not kill him nor did they crucify him, but it appeared to them so"）。穆斯林十分尊重耶穌，例如，我們不時看見到他們會對褻瀆行為作出抗議，但基督徒卻似是接受這些褻瀆行為。可是，道成肉身及三一的教義，卻被視為根本地否定了一神論，所以穆斯林完全不能接受這些教義。

耶穌在其他的信仰如錫克教（Sikhism）及印度教（Hinduism）中被尊為教師，與其他宗教教師並列。人文主義者（humanists）——那些自稱為不信者的人——仍把耶穌作為一位偉大的道德教師來談論。

對理解的修訂

自古以來，思想家已不斷按他們心目中的形象來再創造（re-create）耶穌——由作為一位文藝復興式人物的耶穌，到作為十九世紀自由主義者的耶穌。在十九世紀，不同的「耶穌生平」被書寫下來。其中一個最早的例子是由雷南（Ernest Renan）所寫的《耶穌生平》（*Life of Jesus*, 1863）。雷南把福音書看為一本「傳奇的傳記」（legendary biographies），並從中建構他這本帶點浪漫的著作。

在此之後不久，我們看見「社會福音」（social gospel）之發展，它把耶穌那些關於上帝的國（Kingdom of God）的教導，從個人健全（well-being）及整全意識的角度，理解為及應用在一般人類景況的改善。這種解釋跟天啟的（apocalyptic）及終末的解釋，有著十分強烈的對比。天啟及終末解釋看耶穌為一位在末世的猶太先知，並且強調上帝的介入而非強調人的努力，這種解釋著重上帝的國在榮耀中翻天覆地般的臨到。

到了二十世紀，革命分子耶穌成為潮流。這裏所強調的是解放，而整個思想學派是以「解放神學」（liberation theology）這名稱來發展的。在這背景下，人們長期地爭論著：耶穌本人是否容許人使用武力來反抗羅馬政權——而基督徒在南美及非洲南部的解放鬥爭中，是否可以使用武力。

對歷史性的耶穌的探索

普遍認為，所謂歷史性的耶穌的探索（quest for the historical Jesus），是由來馬魯斯（Hermann S. Reimarus，1694～1768年）所開始的。來馬魯斯發現，「真正」的耶穌較多是個失敗的猶太革命分子，卻非那位由其門徒為了建立教會而創作出來的神聖人物。類似的重構由像史特勞斯（David F. Strauss）、賀芝曼（Heinrich J.

Holtzmann）及韋斯（Johannes Weiss）等人提出來，直到史懷哲（Albert Schweitzer）那把耶穌視為一位終末先知的描述，這重構便達至成熟的階段。

這樣的研究嘗試走到福音書的「背後」而尋找歷史中的耶穌——這離開了信仰的基督及教會傳統的基督論，我們將會在第二章作這方面的討論。

大眾化耶穌的探索

正當威爾遜（Andrew N. Wilson）那兩本關於托爾斯泰（Leo Tolstoy）及魯益師（C. S. Lewis）的傳記獲得高度評價，他便在其著作《耶穌》（*Jesus*, 1992）中，將注意力轉向耶穌。威爾遜依據一些近期關於耶穌的學術研究（但卻忽略了其他部分），重構了耶穌的出身及祂個人發展成一位猶太教師的過程，但他卻拒絕接受那些聲稱耶穌為基督教會創始人的主張，反而視保羅為教會的真正創辦人——這看法卻與耶穌的看法不一致。

另一個關於耶穌的重構，為狄仁吉（Barbara Thiering）製造了不少頭條新聞——狄仁吉從事那所謂給死海古卷（Dead Sea Scrolls）「解碼」（decoding；《耶穌這人》〔*Jesus the Man*, 1992〕）的工作。

從這個解碼中，她創作出一個關於耶穌的故事——祂牽涉入昆蘭羣體的權力鬥爭之中；祂與抹大拉的馬利亞結婚（並擁有三名子女）；之後祂離婚並再娶腓立比的呂底亞。作為一個「解碼」的例子，我們在使徒行傳十六章 14 節中，看見一句片語：「主就開導她〔譯按：即呂底亞〕的心」——在傳統的解釋中，這句意指呂底亞得著一個屬靈的啟示。但是在狄仁吉的重新解釋中，

「主就開導她的心」意指耶穌跟抹大拉的馬利亞離婚，並跟呂底亞結婚。雖然它看來是牽強的，但狄仁吉繼續在很多清談節目中亮相，而她的精裝書也售賣了數十萬本，她從中賺得厚利。

有趣的是，《2001：太空漫遊》（*2001: A Space Odyssey*）的作者、並倫敦國王學院研究員克拉克爵士（Sir Arthur C. Clarke），在他的科幻小說《他日之光》（*The Light of Other Days*, 2000；由克拉克及巴克斯特〔Stephen Baxter〕合著）中提及關於耶穌一生的傳記。在這故事中，藉著可返回過往的蠕蟲洞照相機（wormhole cameras），人們可嘗試重構及拍攝耶穌。更有趣的是，克拉克作為一位堅定的無神論者，在第三個千禧年的開始之際，竟被耶穌這人吸引。

當前關於耶穌的學術爭論

冒著過分簡化的危機，當前的爭論可以從兩方面來兩極化——把耶穌置在希臘哲學的背景中，或把祂置在一世紀巴勒斯坦猶太教的背景中。

第一個觀點是以克羅森（John Dominic Crossan）及那個由芬克（Robert Funk）任主席的「耶穌研討會」（Jesus Seminar）作為代表的。他們看耶穌為一位教授希臘智慧的哲學老師，他們也怪責馬可及其他福音書的作者，在書中引入那些關於耶穌的猶太神話。耶穌研討會最近期出版的著作是《五福音》（*Five Gospels*）——把四卷正典福音書加上《多馬福音》（Gospel of Thomas）而成的版本。引起傳媒注意的是那產生文本的彩色編碼（colour coding），而我們稍後會詳細探討這一點。

第二個思想學派著重耶穌的猶太背景，並就福音書的歷史性作過多番辯論。在下一章，我們會以凡姆斯（Geza Vermes）、桑德（E. P. Sanders）及賴特（N. T. Wright）的著作作為例子，來考慮這方面的觀點。

總的來説，這是一場牽連甚廣的爭論，這爭論產生出大量著作，並且召開了多場會議，為要嘗試理解我們今天如何解釋耶穌。

再解釋傳統

自十六世紀開始，尤其在十八世紀的時候，在西方宗教思潮中，有關耶穌的傳統教導——既是神聖的也是人性的——已受到一些挑戰。耶穌不時被再解釋（reinterpreted），並不斷提出關於其位格的不同理解。這些理解不像正統基督教的教導那樣，那麼依賴著那些由尼西亞及迦克墩會議的教義所形成的初期教會的神學傳統。

這個再解釋並不限於那些對耶穌有興趣的非基督徒（雖然有很多不會自稱為基督徒的人，已被祂的生平及教導所吸引），也不限於教會的邊緣分子或抗議教會的羣眾運動——儘管他們在其中必然擔當著某些角色。一些見多識廣並十分委身於基督教福音及聖經教導的神學家，也被打動而質疑傳統的觀點。

例如，曾寫過不少神學及科學著作的英國偉大科學家牛頓（Sir Isaac Newton，1642～1727年），便否認三一的教義，而他也影響了一些十八世紀初期的聖公會作家——其中最有名的是《三一的聖經教義》（*The Scripture – Doctrine of the Trinity*, 1712）的作者克拉克

(Samuel Clarke，1675～1729年)；另一位則是接續牛頓任劍橋大學(Cambridge University)數學系教授的惠斯頓(William Whiston，1667～1752年)——惠斯頓在研究初期教會的思想後，接受了亞流的信念，他之後便離開了英國聖公會。

藉著十八世紀啟蒙運動(Enlightenment)實證式歷史研究的新主張，以及實用(相對於抽象哲學性)推理(practical reasoning)在宗教問題上的應用，所有這些學者及其他跟他們情況相似的人，最終都得出他們那宗教傳統上非正統(unorthodox)的結論。在十八世紀後期及十九世紀，這些西方思潮趨勢使很多學者不單質疑關於耶穌的傳統教義，也質疑福音書對耶穌作為一位超自然人物——一位從死裏復活的神蹟施行者——的描述那歷史性的可靠程度。

二十世紀

對於很多傳統教義的批判者而言，傳統教義採用了那些源於希羅哲學的辭彙來表達，這是它其中一個最大的弱點。一些辭彙如「本體」、「存有」(being)及「本性」(本體所固有的質)，不再被哲學家以相同的專門用語的意義來使用，因為他們對古希臘文感到厭煩。基督徒在表達他們關於耶穌的信念時，還要繼續被這思想系統所拘束麼？

很多二十世紀的神學家，包括一些最具影響力的神學家，均認為當撇除希臘哲學的術語及觀念。例如，德國新約聖經學者布特曼(Rudolf Bultmann，1884～1976年)相信，基督徒應當拒絕作出任何有關耶穌這人物那形而上的宣稱，或應至少相信那些關於祂生平的歷史性事件的宣稱；他們應當依據與作為上帝啟示的耶穌相遇，或依據為祂而作的抉擇，來表達他們的信仰（這是從存在主義哲學〔existentialist philosophy〕中提取出來的概念）。瑞士神學家巴特（Karl Barth，1886～1968年）不像布特曼那樣拒絕傳統教義，但他嘗試將耶穌作為上帝之道的這個概念，從哲學中解脫出來，並且重新宣稱在聖經中上帝啟示的首要性，表明這是高於一些哲學概念及爭論的——如那些曾影響初期教會神學家的東西。

激進的基督教

自十八世紀以來，神學家的研究使很多基督徒想知道，在缺少對三一及道成肉身教義的認信下，人事實上是否也可以維持基督教信仰。耶穌不可以單單被基督徒相信及尊崇為一位蒙上帝所啟示的宗教老師，而不用將祂視為那些如「祂與父同體」等宏大的形而上宣稱的對象麼？基督教所有的現代解說，包括新的詩歌、祈禱模式及眾教會所認同的教義陳述，是否必須按傳統教義那原初表達模式來加上傳統教義呢？英國聖公會主教魯賓遜（John Robinson，1919～1983年），以他那本宣揚很多激進神學思想——包括布特曼思想——的著作《對上帝誠實》（*Honest to God*），觸目地引起一場重要的爭論。魯賓遜主張重構基督教思想，其中的理由是，把上帝言說為一位超越的「位格」（person），這對於二十世紀的基督徒來說是沒有多大意義的，而且這種言說應當被那把上帝視為一個內蘊的「存有基礎」（immanent "ground of being")的教義所取代，或被那把耶穌視為一位在其生命中充分表達出人類與那基礎或意義及價值的源頭有關係的教義所取代。在最近的世代中，還有很多已發展出同等激進的觀念的神學家。

儘管如此，傳統教義在現代基督教思想的形塑中，仍然保持著它們的活力，而且它們仍是被各個基督教傳統中大部分神學家所接受的。伴隨著那些較為激進的神學概念，以及那些把耶穌看為巨星、先知、革命分子或給好萊塢電影提供靈感的大眾化觀念，傳統教義繼續為「耶穌是誰？」提供答案，同時也要求人進一步提問及探索。在以下的章節，我們將會更仔細看看新約聖經中的耶穌及有關祂的證據，以及初期教會發展出來關於祂的信念。最後一章將會返回一些曾在這裏提出過的問題——如關於耶穌及其重要性的傳統基督教教義在今天對我們的價值。

第一部

新約聖經

2 歷史性的耶穌

在上一章，我們掌握了在我們今天的文化中一些關於耶穌於**當下**的重要性的東西，我們也看過人們對這位——即使在祂所身處的世代中——也看似難以理解的人物所作的不同解釋。這位被全世界數以百萬信徒在教會裏所敬拜的耶穌，以及那位耶穌基督萬世巨星式的佩花嬉皮士（flower-power）人物，兩者的背後其實可否真是同一個人呢？對於**昔日**的耶穌——即一位活在多年前的人物，並且在過去多個世紀以來被人以眾多不同的方式來了解的人物——我們對祂的歷史性實在（historical reality）又可以知道多少呢？要回答這些問題，我們需要在本章裏對過往進行探究，之後建構一幅我們所可以知道的、關於耶穌的圖畫。

往下探究：對歷史性的耶穌的探索

讓我們看看一些著作，它們被寫成為要尋索我們所可以知道的、關於歷史性的拿撒勒人耶穌的事。

十八及十九世紀對歷史性的耶穌的探索

現時普遍接受的是，來馬魯斯（Hermann S. Reimarus，1694～1768年）開始了歷史性的耶穌的探索。他認為，你不可把福音書單單看為一個事實性敘事（factual narrative）來閱讀；你需要考慮到，福音書是由信徒所寫的，他們期望把耶穌視為一位神聖的人物，並且撰寫福音書來證實這觀點。來馬魯斯總結出，那「真正的」耶穌是一位失敗的猶太革命分子，祂一直宣揚上帝的國，但祂的革命失敗了，並因此被釘死在十架上。

這個把「信仰的基督」（Christ of faith）與那被稱為「歷史的耶穌」（the Jesus of history）區分的嘗試，激發起一個在往後幾個世紀有著重要發展的探索，而這探索亦啟迪了許多作家及神學家——大部分是來自德國自由派新教傳統的——也啟迪了那些試圖應用歷史研究的評鑑方法來尋索耶穌的人。

當然，那問題是，發現歷史的耶穌那惟一的方式，是透過福音書的文本及少量我們稍後會討論的當代文獻。若你從這些文本刪除那些你認為不適合耶穌的部分，你就只會有一個狹小但方便靈活的基礎，讓你在上面建構，而結果則可以是相當多變的——從十九世紀自由派式的耶穌及武裝革命分子式的耶穌，到世界末日時那長髮先知式的耶穌。

一九〇六年，史懷哲（Albert Schweitzer）那本在德國出版的《歷史性的耶穌的探索》（*The Quest for the Historical Jesus*），在這場辯論中是一本非常重要的著作。他鑽研過所有爭議，並假設出一位作為終末時期先知的耶穌。很多天啟著作也是來自與耶穌差不多的時代，史懷哲表示，耶穌作為一位先知宣講那來臨中的終末，這正符合天啟著作的模式。按照史懷哲的觀點，上帝的國實際上並非一場革命，而是有關上帝自己在終末時將會作的一些事情。

所有這些研究可以說是為要繞過福音書本身，脫離屬於教會所理解的傳統基督論，從而到達在歷史裏的耶穌。

有關歷史的耶穌那早期研究

- **來馬魯斯**：*Von dem Zwecke Jesu und seiner Jünger*（Braunschweig, 1778）。
- **斯特勞斯**（David F. Strauss）：*Das Leben Jesu kritisch bearbeitet*（Tübingen, 1835）；英譯本為 *The Life of Jesus Critically Examined*（London: Chapman, 1846; SCM Press, 1972）。
- **賀芝曼**（Heinrich J. Holtzmann）：*Die synoptischen Evangelien: Ihr Ursprung und geschichtlicher Charakter*（Leipzig, 1863）。
- **韋斯**（Johannes Weiss）：*Die Predigt Jesu vom Reiche Gottes*（Göttingen, 1900）；英譯本為 *Jesus' Proclamation of the Kingdom of God*（London: SCM Press, 1971）。
- **史懷哲**：*Geschichte der Leben-Jesu-Forschung*（Tübingen, 1906）；英譯本為 *The Quest of the Historical Jesus*（London: A. & C. Black, 1954）。

二十世紀初期進行的評鑑（1900～1950 年）

當我們談及對福音書進行評鑑，我們並非表達消極的意思，即「你竟敢批評我？」鑑別學（criticism）在這裏的意思是指到「分析」（analysis），即是以學術討論的角度來看問題，這可以同時是正面和負面的檢討。

■經文鑑別學

在二十世紀初期，對福音書的評鑑涉及兩個研究的範疇。第一個範疇是福音書文本的歷史。我們並沒有任何福音書的原稿在手，正如我們沒有任何古文獻的原稿在手一樣。我們所依據的文本其實是抄本中的抄本。作為一位古典學者，我曾修讀並教授拉丁文及希臘文文學，而我也知道，很多古典作品，甚至是主要的古典作品如修西狄第（Thucydides）及塔西佗（Tacitus）的著作，我們只不過擁有幾份與成書時期相隔許多個世紀的抄本，有些情況更差不多相隔千多年。至於福音書，那值得注意的地方是，我們實在已擁有過百份早期抄本，它們跟原稿只相隔一個世紀左右。所以經文鑑別學（textual criticism）是一項研究，嘗試精確地尋回那份最初寫成的原稿。當你今天閱讀福音書英譯本的時候，你可以確定你所讀的是一份十分可靠的文本，它是在確信那就是第一位作者所寫的內容下，被翻譯出來的。

■來源鑑別學

第二個研究範疇——它在二十世紀初得到很大進展——就是探討幾本福音書彼此間有何關係的來源鑑別學（source criticism）。特別地，若你讀馬可福音、馬太福音及路加福音，你很快便會看見，它們擁有很多相同的故事。事實上，這三本福音書的作者採用很多相同的資料，這些資料是藉口述傳統（oral tradition）而傳給他們的。馬可福音內超過百分之九十五的內容，重覆出現在馬太福音及路加福音之中。馬太福音及路加福音的篇幅均比馬可福音長差不多兩倍之多，但它們採用了馬可福音內所有內容，並且編入很多其他的資料。而另有一些段落同時出現於馬太福音及路加福音之內，可是它們卻非來自馬可福音：這表示，另有一份被馬太及路加所採用的、但已不再被人認識的文件。神學家稱它為「Q」(源自於德文 *Quelle* 一字，意指「來源」)。對幾本福音書之間的關係，現時普遍所接受的解釋可見於下圖。

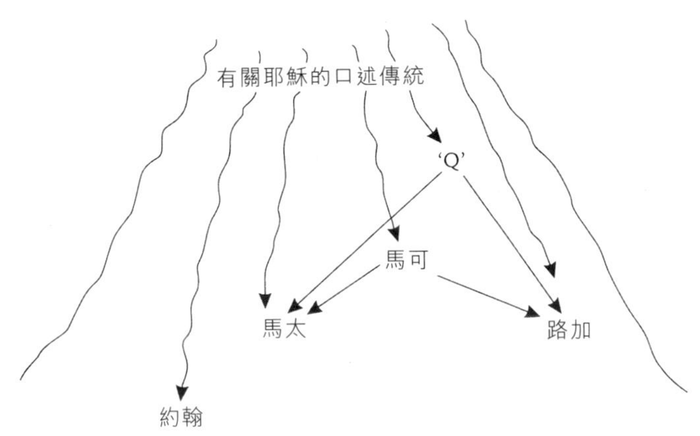

四本福音書之間的關係之普遍解釋

當我們批改學生的文章時，有時也會進行同樣的過程。沒有學生愚昧到抄襲教科書內或互聯網上的文章，因為他們知道他們不會僥倖逃脫的——今天，抄襲是一項嚴重的罪行。但是在古世界中，抄襲經常被視為一分敬意，即對那些在你以先的、被你視作權威的作者表達尊敬的行動——馬太福音及路加福音就是這樣採用馬可福音作為他們的指導說明。但是今天，人可以閱讀一本教科書並在上面寫下筆記，而其後將筆記抄入文章之中；這做法是相當誘惑人的，假如那些筆記看似具有說服力，或尤其當人們在初時並不真正了解教科書的意思的時候。所以，當我批改文章時，我突然會碰到一段看起來很熟悉的段落，我會想：「啊！是呀！我知它出於何處。」同樣道理，你可以在閱讀馬太福音或路加福音的時候，碰到一些看似是常見於另一本福音書的內容——換句話說，這些類同之部分是取自它們共同的資料來源，即「Q」。來源鑑別學之主旨，就是要追尋聖經裏多個文本之間的關係。

約翰福音似乎採用了有別於另外三本福音書的資料來源，而那些重覆的地方（佔全書約百分之十）可以解釋為那口述傳統獨立地傳給作者的結果。馬太福音、馬可福音及路加福音，被統稱為符類福音（Synoptic Gospels；編按：或譯「對觀福音」）。

你可以把其中三本福音書放在一起觀看、比較及對照。藉這樣做，以及觀看它們用來表達耶穌的話那不同的方式，你便可以開始一個「剝落」（peeling off）的過程——剝去解釋的眾層次。由於馬太福音和路加福音的成書時間後於馬可福音，你可以問：「有特定寫作興趣焦點的馬太及路加，為何會採用馬可那以個人觀點所寫成的資料呢？」這樣，你便可以嘗試返回到歷史性的耶穌那原本的說話。

■形式鑑別學

上一章曾提及，布特曼是那位為我們理解耶穌帶來一個存在主義式向度的神學家，他也是那位發展出我們今日稱之為「形式鑑別學」(form criticism)的新約聖經鑑別學者。

形式鑑別學看福音書為一組故事，並且會問：「它們的形式或類型是甚麼？」其中一種形式是比喻，另一種是醫治故事，而第三種可能是耶穌與當時的人之間的衝突故事。藉著分析這些形式，我們就可以看見，這些故事如何在口述傳統中被傳下去。若我們看看馬可福音首幾章時，我們會看見在一章 40 至 45 節那醫治痲瘋病人的故事，接著還有其他片段，而大多數片段也是關於醫治的。衝突及爭論的故事一同出現在二章 1 至 12 節、13 至 17 節、18 至 22 節、23 至 28 節，以及三章 1 至 6 節。四章則是一連串關於上帝的國的比喻結集。看來，馬可彷彿已把零碎的口述傳統片段，配置在多個可辨認的形式類別之中。

若說故事是以口述方式傳留下去，這並不表示，它是一件完全偶然的事件。很多古文獻如荷馬(Homer)的詩——《伊利亞特》(*Iliad*)與《奧德賽》(*Odyssey*)——它們在被書寫下來以先，也有四或五個世紀的時間是以口述方式流傳的。福音書相應的口述時期則十分短暫——實際上大約有一代的時間。第一本福音書大約在公元六十年代成書，即耶穌之後三十年；而其餘三本福音書則在公元七十、八十及九十年代成書。這是一段很短的時期。當然，古代的人更慣於以口述方式來記下事情，而當中的準確性是至為重要的：口述傳統實際上以一個十分清楚的方式，來保留事情的原貌。

對歷史性的耶穌的新探索（1950～1975年）

在一九五三年十月，布特曼的一名學生蓋士曼（Ernst Käsemann），主講了一個題為「對歷史性的耶穌的新探索」（"The New Quest for the Historical Jesus"）之講座。在講座中，他表示認同布特曼所說，福音書並非以一種耶穌傳記的形式出現，但他也表示，現時仍有需要分析歷史上的耶穌，即耶穌本身、初期教會對祂的理解，以及他們對祂是彌賽亞——即基督——的宣講和教導三者之間的關係。

所以，「新探索」在一九五〇及一九六〇年代開始進行。他們所提出的問題是：「當耶穌在福音書內說了一些話，我們如何知道他是真的如此說，還是另有人把話強加在耶穌的口中呢？」在他們返回福音書去尋覓那歷史性的耶穌之際，他們提出幾個供判斷的「本真性準則」（criteria of authenticity）。

■本真性準則

- 他們稱第一個準則是**不相似性**（dissimilarity）。若耶穌說了一些跟猶太人傳統及初期教會言論不相似的話，它就只能是出於耶穌本人的。
- 接著，當耶穌藉不同的見證人、在不同的福音書或著作中說相同或同類的話時，便出現**多重印證**（multiple attestation）。例如，祂幾乎到處也講論「上帝的國」，所以這概念可以追溯到歷史性的耶穌身上。

- 另一個準則是**非意向性**（unintentionality）。例如，耶穌說祂不知終末於何時發生（可十三32）。初期教會本希望顯示出耶穌知道萬事，所以這記述很明顯是非意向的——即是說初期教會不會虛構出這事件——耶穌承認祂不知道某些事情。
- 這些評鑑者也要求具有**一致性**（coherence）——所有言論如何彼此吻合。
- 雖然耶穌很有可能也是操希臘語的，但他們也會考慮某些片語是否可以**被翻譯**（translated）成古亞蘭語（Aramaic）的。

這些工具在一九六〇年代經常被採用，為歷史性的耶穌的生平提出證據。它所帶來的問題是，你最終尋著的是一位在某程度上真空包裝的耶穌——有別於在祂的文化中所出現過的事物，也有別於初期教會所教導的，其實，我們所有人也是活在文化中，而這概念在新探索中卻被遺忘了，所以這些方法開始遇到困難。

■耶穌的稱號

在這些年間，另一個探索的方向，是嘗試以多個用來描述耶穌的稱號來理解祂。在文本中，耶穌常被稱為「先知」。自從初期教會相信祂是遠超於一位先知之後，那些指祂為一位先知的故事，就頗為有意義的：這或許充分地反映出，跟耶穌同時期的人是如何看祂的。同樣，祂也慣常被稱為「拉比」或「老師」。所以這會推論出，可能大多數耶穌的聽眾也認為，祂是某類流浪先知或教師等人物，而我們知道當時在以色列或巴勒斯坦，到處也有很多人進行這些教學的活動。

- 「**基督**」或「彌賽亞」這字詞的意思是「被上帝所膏立的那位」，而差不多在所有新約聖經的書卷中，這稱呼也用於耶穌身上。這不是說耶穌到處對人說：「我是基督；很高興能跟你會面，請問你姓甚名誰？」這是一個慣常用來形容祂的片語，特別是當人們表達他們對祂的信念時會被用到，尤其是在後期的福音書中。
- 在符類福音中，耶穌經常喜愛自稱為「**人子**」。「人子」在希伯來文或亞蘭文是 *bar nash*，這是一個以略為非個人化的方式來指向某人的片語。它像我們在英文中的「某人」（one）這字，但「某人」這字在英語中只會被一些如王室成員等人使用。「任何人都要賺錢糊口的，那個不是呢？」（One has to earn one's crust, doesn't one?）這是一種在不使用「我」（I）這字之下，而說出「我要賺錢糊口」的方式。可是，在德文中你會有 *man* 這字，而在法文中就會有 *on* 這字，它們都不是用來專指甚麼人的字詞。「人子」這片語與那些字有點相似：以一個隱晦的方式指涉自己，但「人子」也是用來指向一個人的方式。在舊約聖經書卷中，即在希伯來聖經中，「人子」這人物經常以人類代表——即一位被上帝所差遣，要把上帝的信息傳給人的人——的身分出現（結十二 2；但七 1 ~ 14）。
- 在新約聖經其餘的部分中，「**主**」這字專門被用來表達對耶穌作為主及上帝的認信。猶太人不會直呼上帝的名字，所以若他在會堂中宣讀經文，而經文中出現上帝的名字，他就經常會說「主」而不會讀出上帝的名字。所以當耶穌在新約聖經其餘部分被描述為「主」之時，這是一個表示祂與上帝等同的方式（徒二 36；腓二 11）。在福音書中，祂亦多次被稱為「主」，但問題是，在一般的用語中，「主」一詞也是表示「先生」或「主人」的方式——即一個表示尊重的辭彙，正如在馬可福音七章 28 節：「主啊，不錯！」或「主啊，不要！」當我們在福音書上讀到「主」這字時，便要小心留意這字是屬於一個社會性的用法，還是神學性的用法。

- 最後，讓我們看看「**上帝的兒子**」這片語。在符類福音中，這片語被謹慎地使用：它在馬可福音中被使用過八次，路加福音十次，馬太福音十五次。但是，約翰表明他那卷福音書的整體目的，是要讓讀者相信「耶穌是基督，是上帝的兒子」（約二十 31）。所以，約翰使用這辭彙多達二十五次，他不單以敍述者的身分來使用這辭彙，而且耶穌在跟猶太人辯論及作教導時也使用它。新約聖經其餘的部分則很自由地稱耶穌為「上帝的兒子」。

透過檢視這些稱號，有人表示，這就可以確實掌握人們認識耶穌的發展情況。耶穌首先被看為是一名凡人，一位先知或周遊列國的教師——這就是所謂「低階的」耶穌觀（“low” view of Jesus）。這個關於耶穌的早期認識，隨著年日漸漸發展及演變，後來成為一個關於一位半神聖的（quasi-divine）人物之信念，人們後來就開始稱耶穌為彌賽亞、上帝的兒子及主——這就是所謂「高階的」耶穌觀（“high” view of Jesus）。這個演變的理論雖然十分工整，但實際上它並非是這麼容易簡單就行得通的。當我們對新約聖經的經文作較仔細的分析時，我們便會發現，那個看耶穌為上帝的「高階的」觀念，在較早時期已被作者所採用，而那個看耶穌為先知或教師的「低階的」觀念，在較晚時期仍有出現。所以，這個演變的理論在進一步的研究中沒有得到支持。

■編修鑑別學

在一九六〇至一九七〇年代的另一個發展，是被稱為「編修鑑別學」（redaction criticism）的研究。*Redaktor* 在德文意思是報章編輯，而編修鑑別學即意指編輯鑑別學（editorial criticism）。舉例說，你可以拿起一份報章，看看昨天在國會或議會中發生了甚麼事。若你先讀保守陣營報章的報導，繼而讀小報的報導，你將會發現有關事件那兩個略為不同的版本，它們反映著各報章的編輯立場。同樣地，當我們看馬太、馬可、路加及約翰福音的時候，它們以不同方式述說同一個故事，這反映著他們的編輯立場。所以，我們需要把福音書逐卷研讀，而這就是我們在下一章將會討論的內容。

二十世紀後期的立場（1975～2000年）

■來自加州的「耶穌研討會」

在上一章我曾略略提及，在冒著把總體的討論過分簡化的危機之下，現時關於耶穌的爭論可以粗略分為兩大陣營。我們可以稱第一個陣營為加州學派的進路（Californian approach）。

「耶穌研討會」（Jesus Seminar）主要由一羣北美學者組成，他們採用了所有我曾提及過的評鑑方法。他們就耶穌的言論作出辯論，而在所有辯論過後，他們便會就耶穌每句言論進行投票，以表明他們的立場。他們使用不同顏色的小珠或水晶來投票——紅、粉紅、灰及黑。若他們選擇紅色，即表示：「是的，這肯定是耶穌的話。」粉紅色表示：「這話似是耶穌所說。」灰色代表：「可能不是耶穌的話，當中有些謬誤之處。」而黑色則是：「不是，這肯定不是歷史性的耶穌所說的話。」這個投票活動很自然在美國引起一場軒然大波，而你也可以預期到，電視傳媒也會大肆報導。

投票結果凸顯出一個有趣現象的力量，這現象影響著每個重構歷史性的耶穌的嘗試。克羅森是其中一位參與耶穌研討會最知名的神學家。他製造出一個耶穌，而這耶穌在其教導上並非是猶太教式的，祂更多似是一名教授希臘智慧的老師或哲學家。祂反對性別主義、帝國主義及所有羅馬政權的壓迫。換句話說，祂是一名加州人。十九世紀自由派人士製造出一個跟他們驚人地相似的耶穌。另一方面，那些參與社會改革運動者也整合出一個耶穌的形象，而這個形象希奇地竟就是一名革命分子。

一個被用來追尋歷史性的耶穌的形象性的比喻，是這樣的：就如一個人俯視一個很深的井，而看見井底下的水面上的一個面孔。當說「這就是歷史性的耶穌」

時，事實上它當然只不過是你個人的倒影而已。不但對於我們每一個人是這樣，對於神學家來說，這也是一個誘惑，以及是我們需要防範的危險。

■在猶太處境中的耶穌

在現時關於耶穌的爭論中，我想要提及的第二個陣營，是反對所謂「加州學派」(Californian school)的。這陣營被稱為「第三次探索」(Third Quest)，它著意把耶穌置於祂所身處的猶太處境中，即一世紀的猶太教。這陣營的主要人物是猶太學者凡姆斯(Geza Vermes)。他在一九七三年寫了一本很重要的著作《猶太人耶穌》(*Jesus the Jew*)：他的論點明確，但這論點在過去二千年的基督教歷史中卻似被人遺忘了。這論點引發了對耶穌作為一位猶太拉比及教師這身分那精彩的重新評價。第一章曾提及過的桑德及賴特，是兩位研究這方面的專門學者。他們曾下了很多功夫，以回復在猶太歷史處境中對耶穌之認識。

賴特所稱為「第三次探索」的研究，是按著凡姆斯所定下的方向，把耶穌重新置於祂所身處的猶太教背景中。這思想學派的成員包括邁耶(B. F. Meyer)、哈維(A. E. Harvey)及博格(M. J. Borg)。邁耶謹慎地區別出耶穌關於國度的公開宣講，以及祂私底下關於其彌賽亞身分的祕傳啟示(esoteric revelation)。哈維在一九八〇年的班普頓講座(Bampton Lectures)中，按照一個彌賽亞身分那非道成肉身的(non-incarnational)理解，使用了「歷史性的限制」(historical constraints)這概念。博格的政治處境分析便提出，耶穌那天啟式的警告並非指向一個神聖的審判，而是關注戰爭及毀壞這將臨的大災禍。耶穌作為一位聖賢，呼喚以色列去愛與憐憫。

桑德是這次探索的重要人物。他改變了我們對巴勒斯坦猶太教的理解，尤其是關於法利賽人及猶太人對律法的態度——這態度常在基督教宣講中被嘲弄的——的理解。從耶穌的行動（特別是祂在聖殿中的行動）而非從祂的言論開始，桑德把耶穌牢牢地置於猶太復興終末論（Jewish restoration eschatology）之中，也把祂置於他所稱為「約法主義」（covenantal nomism）之中——這主義所關注的是律法（*nomos*）作為約的一部分，而非只為滿足律法主義的目的。但是，桑德允許耶穌把自己看為上帝王權的「總督」（viceroy）或代表。

最後，賴特使他的五冊巨著《基督教起源及上帝的問題》（*Christian Origins and the Question of God*）成為可能：在一九九二年出版的第一冊是關於歷史性、社會性及文學性的背景；在一九九六年突然出現於我們跟前的第二冊《耶穌與上帝的勝利》（*Jesus and the Victory of God*），則描述耶穌在猶太教之地位、祂的目標及祂身為基督的自我理解——隨之就是二〇〇三年出版的第三冊《上帝兒子的復活》（*Resurrection of the Son of God*），其餘兩冊將陸續來臨。

這些都是一些往下發掘，並尋找歷史性的耶穌的嘗試，同時也是一些探索過程中撞上的困局。這些思路很多時候似是按著一個「除去」的過程來進行，直至你感到驚訝地問，到底還有甚麼東西剩下來。有人看它像一個堅果仁，除去外在的堅殼，就能得到內在的果仁。另有人看它像給一個洋蔥剝皮：你一層一層的剝下去，直至再沒有東西留下來為止，而到時惟一你可以確定剩下的東西，就只有眼淚！

往上建立：耶穌是誰？

所以，讓我們從一個不同的觀點再次開始。有甚麼東西是我們可以合理地確定的呢？我們可以再次從首要原則上重頭來建立耶穌麼？

耶穌真實存在過嗎？

有些人認為，耶穌是教會想像出來的虛構人物，世上從沒有耶穌這人存在過。我要說，我不認識任何值得敬重的重要學者，仍會提出這觀點。現時有非常多關於耶穌存在的證據。

■新約聖經

當然，我們首先擁有新約聖經這些書卷本身。你會立即說，它們都是由教會所寫的，所以內容存有偏見。是的，它們是出於教會的，但無中不能生有。有些事情必曾經發生，才有故事可述說；而我們總需要有人首先開始這一切的。所以在新約聖經中有福音書，即四本關於耶穌的書，並有一系列由初期基督徒所寫的信件，它們都談論著耶穌的重要性。這些信件在耶穌之後的幾十年間被寫成，它們寫成的時間實際上比福音書要早得多。若拿撒勒人耶穌真的沒有作為一位歷史性人物存在過，我們就需要有一位跟耶穌十分相似的人物作為催化劑，以引起新約聖經書卷的作者來對此出回應。這當然並非表示，這人就必然是我們在新約聖經中所見到的耶穌。那可以是教會解釋出來之版本，而當我們繼續討論下去時，我們便會討論這點。

■非正典的資料

人們總會對非正典的書卷感興趣，因為它們在聖經之外——那些教會不接納為聖經一部分的書卷——而這些書卷給我們一些關於耶穌的有趣的觀點。有一卷稱為《多馬福音》(Gospel of Thomas)，它包含了一百一十四句耶穌的言論。它沒有敘事及故事，只有耶穌的言論。

接著是我們稱之為猶太基督徒福音書(Jewish Christian Gospels)的書卷，這些書卷是在一世紀末、二世紀初時，當大部分基督徒已離開會堂，由那些仍留在猶太教的基督徒寫成的。其中有《拿撒勒人福音》(Gospel of Nazarenes)、《依便尼人福音》(Gospel of Ebionites)及《希伯來人福音》(Gospel of Hebrews)。再次，它們是一個嘗試，以顯示出正統虔誠的猶太人，如何在拿撒勒人耶穌身上尋見彌賽亞。這些福音書並非以完整的文本的方式存在，而是一些片段及語錄。再次，它們都是談論耶穌的。

《多馬福音》節錄

願那尋求的人能一直尋求，直至他找到為止。當他找到的時候，他變得憂愁。當他變得憂愁的時候，他要驚訝，這樣他必統管萬有。(言論 2)

我來到這世界中，我以肉身向他們顯現：我發現他們都醉了，他們中間無人渴望。我的靈魂為人的眾子憂傷痛心，因為他們心靈的眼睛都瞎了，他們不能看見，他們空手來到這世上，他們要再次空手離去。（言論 28）

人不能同騎兩匹馬，同拉兩張弓。一個僕人不能事奉兩位主，他總是重一個而怠慢另一個。（言論 47）〔編按：譯文參考自羅賓遜（J. M. Robinson）、史密夫（R. Smith）編：〈多馬福音〉，載《靈知派經書》（*The Nag Hammandi Library: Codices 1～2*），卷上，楊克勤譯（香港：漢語基督教文化研究所，2000），頁 154～161，並稍作改動〕

還有其他福音書的片段，它們是由一些被其他教會視為異端的團體，尤其是那些愛作哲學思考及玄思臆測的團體所寫的。這些團體已給予我們《馬可的祕傳福音》（Secret Gospel of Mark）及《彼得福音》（Gospel of Peter）。在這些書卷中，有些故事只是一些片段，但再次，它們跟正典福音書的故事很相似。

■猶太人的資料

現在我們轉向猶太人對耶穌的歷史事實所作的見證，尤其是約瑟夫（Josephus）的見證。約瑟夫是一位猶太歷史學者，而事實上在猶太人叛亂時期，他也是一位軍事將領，但他後來轉投羅馬，並撰寫猶太人民的歷史，為要嘗試替猶太人向羅馬人說項。在他的重要著作《猶太古史》（*The Antiquities of the Jews*）中，有兩部分提及耶穌的。他提及「雅各，那所謂基督的耶穌的兄弟」(XX.200)。他也在有很大爭論性的一部分中(XVII.65 及下)提及耶穌。約瑟夫把耶穌描述為「一位智者」，並且提及祂是眾人的老師，勝過猶太人及希臘人，而之後祂在彼拉多手下被釘死，而基督徒這稱謂便是以祂來命名的。關於這些文本，存在著一些爭論，因為約瑟夫說了很多關於耶穌的正面事情，以致有人認為這些話是後期基督徒加插入約瑟夫著作當中的。但很清楚的是：約瑟夫見證著耶穌的歷史生平——祂曾在彼拉多手下被釘死；祂擁有一羣追隨者；基督徒從祂身上得了基督徒稱號。

同時，自猶太教與基督教分離後，在拉比的文獻中記載了幾個指控。例如，在猶太人訓言中，耶穌被描述為一位「引人入歧途的巫師」(*bSanhedrin* 43a)。那裏記載說：「在逾越節的安息日，拿撒勒人耶穌被掛起。傳令官喊叫：『這就是拿撒勒人耶穌：祂施行巫術而引以色列人叛教。』之後祂就在逾越節前夕被掛起來。」

■羅馬人的資料

自一世紀末，三位主要的羅馬史家——普利尼(Pliny)、泰西塔斯(Cornelius Tacitus)及蘇維托尼烏斯(Suetonius)——在他們的著作中也有提及耶穌。泰西塔斯(公元 55～120 年)是一名羅馬政治家，被提升為僅次於皇帝的執政官，之後他成為一世紀羅馬帝國的歷史學家。當他描述那場於公元六十四年發生在由尼祿(Nero)所管治的羅馬的火災時，他說人們錯怪了初期的基督徒；他再解釋說，初期基督徒從基督身上取得他們的稱號，而基督就是在猶大地的本丟．彼拉多手下被處決的，縱使當時很多基督徒住在羅馬（*Annals* 15.44.3）。蘇維托尼烏斯指到，在前任皇帝革老丟（Claudius）管治底下，於公元四十九年，猶太人遭驅逐離開羅馬，這是由「因基督所引起」的不安所導致的結果（*Claud.* 25.4）——這個不安很可能是指到：猶太基督徒與其他猶太人，就耶穌是否基督所產生的爭論。

公元一一一年，小普利尼（Pliny the Younger，公元 61～120 年）在小亞細亞擔任羅馬總督。當時他曾寫信給皇帝他雅努（Trajan），提及關於他從那些被控作為基督徒的人中所發現的事。

普利尼

他們聲稱，把他們的罪行或過錯加起來，也不過如此：他們經常在既定的日子，於黎明前相聚，他們在聚會中輪流吟誦詩句以記念基督，如同記念一位神一般。他們也透過起誓而自我約束，這並不是為了任何犯罪意圖，而是為要戒絕偷竊、搶劫、姦淫，為要不違背對他們的信任，以及當人要求歸還抵押物時不能否認訂金……我決定必須要用刑，從兩位被稱為女執事的奴隸婦人中取得真相。但我並沒有發現甚麼，只發現一種維持了一段極長時期的墮落型異教團體。（Pliny, *Letters*,10.96）

所以我們看到，除了初期基督徒的記錄外，在新約聖經以外也有很多資料來源（包括羅馬及猶太的敵對者），這些資料都指向一個事實，就是耶穌作為一位歷史性人物是存在的，祂四處遊走作教導，並在祂的猶太人同伴中引起爭論，直至他最終被一位羅馬總督處決——然而值得注意的是，祂很多跟隨者在之後幾年，分佈在帝國的每一角落，甚至擴展至羅馬城。

耶穌生平的簡略概要

■先知耶穌

首先，為提供一些背景資料，讓我們在一世紀猶太教的處境下，看看這位作為終末先知的耶穌。「終末」(eschatology)的意思就是「最後」，即是指到所有時間的最後，而復興終末論就是相信上帝在末日時將會復興以色列的一種觀念。「主啊！你何時復興以色列的國度呢？」這高呼貫穿希伯來聖經、詩篇(詩十四7，五十三6，一二六1)及先知書(賽四十九6；耶二十九14，三十三26；結三十九25)，以盼望上帝在末日時把國度復歸以色列。

在耶穌之前的世紀，以及事實上在一世紀期間，到處也有很多先知及教師。他們經常在曠野出現，而他們有些人顯得非常有智慧及聖潔的，有些則帶點瘋癲並且可能在日光下作長期暴曬。他們出來、召聚羣眾，並且說：「悔改吧！萬物的終結將臨到。」——差不多跟今日一些更古怪的活命主義者的(survivalist)網站相似。當時出現了很多這些先知及這類運動，而它們的性質是屬天啟性的。(「天啟的」可參本書「神學辭彙簡表」)

■作為耶穌先鋒的施洗約翰

在這些先知及四處遊行的教師當中，就以施洗約翰最為重要。約翰跟很多其他先知及教師一樣，把大部分時間也花在沙漠上。這沙漠並非在千百里以外之處，而是十分接近城市或農地的邊界：沙漠是一處有很多猶太學者及我們或會稱之為修士的人所羣居的地方。他們走進沙漠以避開城市的壓力及邪惡，而他們的遺產就在一些書卷如死海古卷中存留給我們。約翰很可能受這些羣體影響。

昆蘭羣體

死海古卷在一九四七至一九五六年間，在死海附近的昆蘭（Qumran）被發現。這些古卷讓我們一瞥這些沙漠羣體的生活，並顯示出他們對祈禱前及用膳前的潔淨禮儀的關注，並且對各種潔淨之事的關注。除此之外，這些古卷也顯示出他們對彌賽亞來臨的相信。在昆蘭的羣體很可能包括那些已從猶太教主流退出來的愛色尼人。昆蘭羣體在公元六十八年遭羅馬所滅。

約翰以宣講的形式出現——他宣講出人應當悔改及萬物的結局將來臨的信息：上帝的國正來臨。作為上帝的國將臨的記號（sign），他認為人應當受洗。「洗禮」（baptism）這字詞的意思只是浸在水裏。若一位非猶太男人想歸信猶太教，他就必須行割禮。一個更為普及的方法——同時也適用於婦女的——就是成為一位被稱之為敬畏上帝的人（God-fearer），即是一名敬虔的同路人，而達至這目標的途徑就是受洗，作為用來洗去人的污穢的方法。約翰所不同之處是：他提出即使上帝的子民也要受洗。

耶穌是受約翰的洗的。這是普遍被人所接受的歷史事實，因為約翰宣講有一位比他更大的將要來臨。初期基督徒運動就耶穌受約翰的洗這事遇到困擾，因為那在上的當為在下的施洗。由於耶穌受約翰的洗，這確實令初期教會感到有點尷尬，而他們需要為此作出辯解。其中一卷可追溯至二世紀的次經福音書（apocryphal Gospels）有如下記述：馬利亞說：「施洗約翰替眾人施洗：讓我們整理行裝出外吃午飯，我們所有人就可以受洗。」耶穌對她說：「因為我是無罪的，為何我要受洗呢？」（《拿撒勒人福音》，片段 2）這看來相當似是一段被編造出來的、為要辯解一些作者感到為難的事的段落，可是，當中的理據並不具說服力：耶穌最後選擇受洗，為的只是討祂母親的喜悅。

但事實上這經文表達了一些難以配合的內容，這就是證據，以證明它有可能真的發生過。（參本書頁 37 的「非意向性」）此外，連正典福音書也記載了耶穌受施洗約翰的洗——縱使它們在之後也提及耶穌如何比約翰更大（例如，太三 13～17；約一 29～34，三 22～30）。這樣，它們對於耶穌受約翰的洗一事所出現的不安，正表明著這事的確曾發生過。

■耶穌的跟隨者

正如施洗約翰一樣，當時耶穌展開一個我們稱為四處巡迴宣講者——即四處流浪——的職事。這是那時期先知及教師一個典型的習慣，而且他們會招聚一羣跟隨者。耶穌的羣眾的其中一個特點，就是當中包括具顯著數目的婦女。例如，路加福音六章 12 至 16 節記述，當時有很多人跟隨耶穌，祂就從中揀選十二名男子，組成祂的核心小組。但是，我們在八章及十章找到依據，指出耶穌也接納婦女成為門徒，甚至有些婦女在金錢上支持耶穌的工作。另一個在路加福音十章38至42節的故事，提及馬大與馬利亞兩姊妹。馬利亞坐在耶穌的腳前聽祂的教導，而在外面預備晚飯的馬大則提出抗議。她向耶穌投訴，指她的妹妹留下所有事務給她處理，而耶穌說：「非也！這是重要的。馬大，馬利亞已選上那更美的事。坐下吧！」「坐在某人的腳前」的意思是成為一個門徒，所以耶穌說這話，是代表祂接納她為門徒，而在當時來說，這種對婦女的接納是引人注目的。同樣，這並非一些人們會捏造的事，因為這會使耶穌的名聲受損：祂或已被指控跟各種不良的朋友來往——而祂甚至對待婦女如同男子一般，並且接納她們坐在祂的腳前成為祂的門徒！

耶穌的女門徒

和他同去的有十二個門徒，還有被惡鬼所附、被疾病所累、已經治好的幾個婦女，內中有稱為抹大拉的馬利亞（曾有七個鬼從她身上趕出來），又有希律的家宰苦撒的妻子約亞拿，並蘇撒拿，和好些別的婦女，都是用自己的財物供給耶穌和門徒（路八1下～3）。

〔馬大〕有一個妹子，名叫馬利亞，在耶穌腳前坐著聽他的道。（路十39）

直至現在，我們確定，在天啟傳統下，耶穌是一位

先知 / 教師，祂曾受施洗約翰的洗，並擁有一羣包括婦女的跟隨者。

耶穌宣講過甚麼？

所有文本都清楚顯示出，耶穌宣講上帝的國的來臨（太四 23；可一 15；路四 43；約十八 36）。「上帝的國」這片語在很多方面也是一個令人尷尬的翻譯，因為「國」這字誠然是一個政治實體。國有邊界，而且擁有君王、軍隊及海關崗位等等。希伯來文 *malkuth* 及希臘文 *basileia* 的意思，其實是意指上帝的統治，即是上帝的王**權**（kingship），多於指到上帝的**國**（kingdom）。這字跟地方沒有關係，它更多是關於：當上帝的統治被人們確認，而他們真正擁戴上帝為王、為主、為他們生命中的元首之時所要發生的事。這跟當時很多其他猶太教師不同，他們不願只有上帝的王權，他們要上帝的國——即一個脫離羅馬壓迫而自由的以色列。在這些想要成為領袖的人中，有很多就是我們現今會稱之為「自由戰士」的人，他們一直渴望推翻羅馬的統治（雖然羅馬無疑會稱他們為恐怖分子）。

至於耶穌講論上帝的國，這在政治上是十分危險的。我們被告知，在祂的跟隨者中，包括幾位被描述為「奮鋭黨」的人（路六 15；徒一 13；參本書頁 17 的補充資料）。奮鋭黨是那些為以色列懷著極大「熱情」（zeal）——極大的熱枕——的人，這也是給革命分子或自由鬥士的另一個稱謂。

然而，耶穌所說的上帝的國，跟政治的概念有所不同。祂說上帝的國「近了」、「即將來到」及「在你們當中」——你當要回應它（路十一 20）。祂說祂的工作是引進上帝的國。當祂趕鬼的時候，這便成為一個爭論的議題。這是一種醫治人們的方式，這些人在被鬼附之際正顯示他們所相信的是甚麼。雖然無論在今時或往日，趕鬼在很多文化中也是很普遍的事，但今天仍有些人對此感到困惑。耶穌明顯在當時眾多趕鬼的人當中，被譽為傑出的一位：當中的爭論不在於祂是否有能力趕鬼，而是在於祂依仗誰的權柄作此事（可三 22）。當祂正向邪靈發出命令的時候，祂依仗的是上帝的權柄還是魔鬼的權柄呢？

當祂替人治病的時候，也產生同一個具爭論性的議題。當時四處也有很多治病者，而且雖然對於那些在我們文化中的人而言，這是一件不尋常的事，但是對於其他人，這些日子卻回到一個更為整全的人觀——靈、魂及身體所構成的人。在耶穌的時期，那爭論是：「祂所依仗的是誰的權柄、誰的能力？」當祂行神蹟時，祂說這些神蹟是「上帝的國臨在你們當中」的記號。祂的理據是，在所有關於上帝的國的先知書中（例如，賽六十一 1～2），均提到聾子得聽、瞎子得見、受壓迫者得釋放、貧窮及飢餓者得供應。當下，在他們的世代中，這應許正得以發生（路四 14～21，七 18～23）。

耶穌談論很多關於上帝的國的事，尤其是對那些在社會以外及邊緣的人。在一定程度上，祂的特點就是把宣講與教導，和醫治與接納人結合起來，尤其是接納那些在一般社會及宗教羣體以外的人，如同祂對婦女的接納一樣。同樣，祂跟撒馬利亞人交談，甚至醫治他們當中的一些人。今日我們在以色列—巴勒斯坦所看見的一些可怕問題，可追溯至兩幫猶太人之間那爭論的根源——一幫是被擄後歸回耶路撒冷的猶太人，另一幫則是一直居留在耶路撒冷以北地區的猶太人，他們被稱為撒馬利亞人。猶太人由加利利到耶路撒冷會繞道越過約旦河，而不經過撒馬利亞的村落，但耶穌卻採取不同的進路。與祂當時的文化風俗相反，耶穌接納撒馬利亞人——甚至在祂那個家傳戶曉的好撒馬利亞人比喻中，以一名撒馬利亞人為例，以說明如何愛你的鄰舍（路十25～37）。

耶穌甚至接納羅馬人——那些被猶太人所仇視的外來統治者（路七2～10）。祂接納那些被社會排斥的痲瘋病人（路五12～16，十七11～19）。在馬可福音二章15至17節的故事中，我們看見祂對社會邊緣人士的接納——祂的宣講與教導很多也是說給他們聽的。

耶穌的教導很多都是藉我們稱為比喻的——即小故事——來進行。我們可以在馬太福音十三章中，找到耶穌那關於上帝的國的故事集。

- 上帝的國像一位撒種的人出來撒種——之後種子發芽生長，而上帝的國就是這樣的（太十三3～23）。
- 上帝的國像一個長滿麥子與稗子的田，而在這田裏，稗子與其他植物及花朵同時生長——當收割的時候到了，稗子就會被焚燒而好的果子就會被收取（太十三24～30）。
- 上帝的國像一粒種子悄悄地成長：你把它埋在土裏，在你返回的時候，那裏就希奇地生長出一株植物來（太十三 31、32）。

- 上帝的國像在麵團內的麵酵，它使麵團發起來（太十三 33）。
- 上帝的國像在田裏的珍寶。有人把珍寶埋在田裏而置之不理，後來你尋到它，那麼你就需要在沒有告訴人你在田裏發現珍寶的情況下，變賣一切來買這塊田，這樣你就能得著這珍寶（太十三 44）。
- 上帝的國像一顆貴重的珍珠。那位愛珍珠的商人變賣他所有收藏著的珍珠，為要換得錢財來買這一顆珍珠（太十三 45、46）。

耶穌雖然沒有直接說明上帝的國**是**（is）甚麼，但耶穌花了很多時間，以說明它**似**（like）甚麼模樣。但當中核心的觀念是：上帝的國是上帝的作為、人需要回應上帝的國，以及你需要張眼觀看上帝正在作的事。最重要的是，這是迫切的：你需要進入上帝的國，而若你在當下不行動，結局正在來臨，那時就會來一次清算（太七 13）。

我們認識到另一件關耶穌的事，就是祂的教導，引起祂與其他猶太教社羣之間的激烈爭辯。猶太人熱中於解釋律法。英國的首席拉比薩克斯（Jonathan Sacks），是我任職的國王學院其中一位訪問學人。他愛說：「無論在何地，有兩名拉比，你便會得出三個意見！」他們最愛爭論及辯論，因為律法對於他們來說是十分重要的，而他們需要以爭論及辯論來找出上帝到底說了甚麼話。所以，耶穌就參與在這類跟所有其他律法解釋者交手的辯論中，但反對耶穌的人愈來愈多，部分原因是他們認為耶穌經常「向惡人開放上帝的國」。他們的立場是，人若想找到上帝的國，這是可以的：到聖殿那裏去，獻上祭物——但不要白白送出上帝的國，尤其是不要如耶穌所做的方式送給婦女、撒馬利亞人及非猶太人。

耶穌的死

當耶穌來到耶路撒冷過逾越節，並在聖殿作了一次我們現時稱之為示威的行動，事情的發展就來到關鍵時刻。我們傷感地從電視得知，耶路撒冷在今天是何等關鍵。耶穌走到那裏，並且因著那些在庭院內正進行的買賣活動而被激怒，所以祂推翻桌子，並作出了一種示威行動（可十一 15～17）。對於很多人而言，這是一個他們期望出現的記號——那就是他們將要起來，除掉羅馬人，並另立屬於他們的領袖之時刻將要臨到。

令人驚奇的是，耶穌並沒有作出這種革命性行動。相反，在馬可福音十一章，出現了一場關於「祂仗著甚麼權柄作這事？」的爭論。耶穌被捕，受宗教領袖盤問，之後祂被指為滋事分子而被帶到羅馬政治掌權者那裏去。當有成千上萬的羣眾聚集在耶路撒冷，不論宗教領袖或是政治當權者，最不期望見到的是一位滋事分子——那會在聖殿內煽動起政治上的不安情緒。所以耶穌被處決的罪名是身為「猶太人的王」——或聲稱為猶太人的王。僅僅以宣講上帝的國的指控，這已足夠使祂入罪。

把滋事分子釘死是羅馬政權一貫的處理手法。在一世紀，像耶穌這樣的先知隨處可見。他們來自曠野，在招聚幾個或一眾跟隨者後，他們便來到耶路撒冷滋事。

對於羅馬政權而言，處理這問題的最佳方法就是處決那些領袖：隨之，跟隨者通常就會散去。我們在使徒行傳五章 36 至 37 節便可以看見，杜達（Theudas）及加利利人猶大的事件也是這種情況。

■之後發生了何事？

在耶穌的情況中，羅馬人卻面對一些不尋常的結果，因為祂的跟隨者並沒有散去。正如我們在上一章所提及的，若沒有初期基督徒對復活之認信，那就沒有教會了。無論你相信拿撒勒人耶穌是甚麼，你都要面對一個事實：一個重要的運動是基於耶穌的跟隨者相信祂已從死裏復活而發展出來的。祂的門徒在面對十架酷刑時只不過是一羣受驚之輩，但他們竟在耶穌被釘死後的數週內，以他們那關於耶穌的宣講及教導，把耶路撒冷弄得翻天覆地：他們當中很多人甚至為祂而死。

在新約聖經中，有兩件事被稱為耶穌之死的餘波。其中一件是耶穌的空墳墓。馬可福音十六章告訴我們，那些婦人去耶穌的墳墓哀哭，最後發現墳墓是空的。當然，盜墓者經常把墳墓內的東西掏空，但問題是，盜墓者必會取細麻布及香料——因為它們具有商業價值——並且把屍體留下。但耶穌的情況卻相反。祂的軀體不見了，而細麻布及香料則被留在墳墓中。

新約聖經所描述的第二個現象，是一張看見被釘死的耶穌明顯再顯現的名單：首先的是抹大拉的馬利亞。在當時的猶太法庭中，婦人的話不是可接納的證供。若基督徒想聲稱耶穌曾向某人顯現，他們必不會選擇那些不會被法庭接納其證供的人作為第一個見證人。所以，有人便以此來支持耶穌復活的史實性（historicity）。

在哥林多前書十五章 5 至 8 節，保羅提出了一個曾見過耶穌顯現之人的名單。這是一個非常、非常早期的名單，比福音書還要早的，而日子可追溯至耶穌死後幾年。保羅說，若耶穌沒有從死裏復活，基督徒就被欺騙了，他們就比眾人更可憐。他繼續說：「耶穌顯現給彼得看，給十二使徒看、給五百多人看，以及也顯現給我看。」他這話暗示著：「若你不信，請來問問我們。」

很多人嘗試以不同的方式來解釋這些事件——它只不過是個騙局；門徒去錯了的墳墓；這些都是幻覺——人們為此爭論不休。對我而言，有一件重要的事實是解釋不了的，就是在所有其他的社羣中，領袖的逝世會結束相關的運動，但在這裏，關於耶穌的情況剛好相反，領袖的逝世正是一場更大的運動之開始。

結論

這樣，有哪些關於耶穌事件我們已認為是歷史上真有其事的呢？首先，拿撒勒人耶穌是存在過的，祂受過施洗約翰的洗，並且招聚過一羣具爭議性的跟隨者。祂進行過一個巡迴宣講上帝的國的事工。這事工招致人的反對，而祂也最後被本丟．彼拉多處決。

同樣的歷史事實是，在耶穌逝世及埋葬後，發生了有一件不尋常的事。這事改變了那些曾感到害怕的門徒，並且引起一個我們現稱為初期教會（early Church）的運動。從這個最初十分脆弱的基礎開始，基督教擴展到世界每一個角落，也進入了歷史當中，並將世界及歷史永遠改變了。

3 福音書中的耶穌

新約聖經以四卷書開始——馬太福音、馬可福音、路加福音及約翰福音，它們被稱為「福音書」(Gospels)。

福音書是甚麼？

從文學角度而言，福音書是四本介乎一萬至二萬字，並以拿撒勒人耶穌這人物為焦點的短篇著作。

我原本是一位研究古典作品的學者，被按立為牧師前是教授拉丁文及希臘文的。我曾教授不同種類的文學作品，如史詩、悲劇及喜劇等。當我進行博士研究時，我發現自己正在發問：「福音書屬於哪類著作呢？」這研究的成果後來出版為《福音書是甚麼？福音書跟希羅傳記的比較》(*What Are the Gospels? A Comparison with Graeco-Roman Biography*, 1992）一書。

福音書的體裁

若要概括地作出總結，這方面爭論的焦點是在於

「體裁」(genre)這字。

體裁對於解釋任何東西，都是重要的約定俗成(convention)。若我對你說：「晚安！以下是一段消息。」我就早已向你顯示出我之後要說的話之體裁。它可以是一段新聞報告，可以是該日關於中東的最新事件，以及那些正在威斯敏斯特(Westminster)及華盛頓(Washington)所發生的事。它嘗試為政治爭論中的兩大陣營，提供均等的廣播時間——凡此種種，都是因著體裁而產生的約定俗成而使你生出的部分期望。若我說：「從前……」我就是告訴你應期望聽一個童話故事。整個故事可以是關於龍及危難中的少女，而你卻不會擔心，故事中有關龍的部分是不是跟少女的部分有均等的廣播時間。我們清楚地分辨出新聞與童話故事——除非你是正在觀看收費電視或閱讀小報！你需要知道你正在接收甚麼信息，以致你可去解釋它。你解釋新聞廣播猶如它就是新聞廣播，解釋童話故事猶如它就是童話故事，解釋肥皂劇猶如它就是肥皂劇，這是絕對重要的。

體裁就如作者與讀者、或節目製作人與觀眾之間的一種合約。這合約是關於他們將如何去撰寫或製作一些東西，並且關於你該如何去解釋他們的作品。所以在你解釋某事物之先，你當要知道它的體裁，這是十分重要的。那些閱讀蘭塞姆(Arthur Ransome)的《燕子與鸚鵡》(*Swallows and Amazons*)系列故事成長的人便會知道，它們是關於一九三〇年代一羣英國中產家庭的小孩的故事。這些小孩在整個暑期只愛在溫德米爾(Windermere)的湖區駕著小艇四處航行。他們以小旗互相發出訊號，你可以藉著揮動小旗以發出信號長短不一的摩斯密碼，你也可以把旗幟放在不同位置以發出旗語。當然，若有人以摩斯密碼發出信號而你卻只懂得旗語，問題就會出現，相反亦然。你要先知道密碼才可以解釋那信息——用了錯誤的密碼就會出問題。

福音書是傳記嗎？

傳統上，福音書被解釋為關於耶穌的故事，所以它們特別容易被當作是傳記來唸（希臘文為 *bio-graphe*，即記述一個人生平的著作）。問題是 *biographe* 一字，在基督之後的九世紀才首次出現。此後，在十九世紀，特別在佛洛伊德（Sigmund Freud）的著作中對人類性格之理解被提出來後，傳記作為一種文學體裁便大大的發展起來。人們常常希望知道，是甚麼驅使他們以這方式來作事。讀者會開始問：「他們有甚麼樣的性格？」他們期望多個長篇故事來交代有關人士的成長、童年生活及學習生活等等。他們渴望在那些人的生平軼事中看見其逐漸形成的性格，嘗試以一種具國際化思維的意識來解釋甚麼東西是對他們有重要影響的。所以，你可以讀邱吉爾（Winston Churchill）的生平軼事，讀有關他成長的故事，留心他上學之地方，以及童年時反映他獨特之處的事；這都是他日後成為一個有自信的人之原因。你期望知道，他在南非所有服事的地方之詳細資料，最後還要有關於第二次世界大戰的詳盡討論。這是傳記的體裁對我們今日的意義。

傳記愈是發展，福音書就愈跟它有所分別。福音書的篇幅短少，它們沒有告訴我們所有關於耶穌受教育的情況及祂早期的生活。它們沒有說，由於一些童年事件之暗示或類似的故事，以致祂在成長時想到自己是上帝的兒子。福音書沒有告訴我們很多關於祂約三十歲前的事迹，它們只是直接來到祂受施洗約翰的洗及開始作宣講的時期。它們沒有告訴我們當時祂實際年齡，沒有給我們一個一致的時間標準框架，也沒有把相關敘事放在任何羅馬帝國的處境中。福音書看來跟我們今日所認識的傳記大不相同。

在二十世紀初期，布特曼（我曾在上一章討論形式鑑別學時曾提及他）及他的同事施米特（Karl-Ludwig Schmidt）著書表示，福音書是一種民間傳說之結集形式——即藉口述傳統所傳遞的故事之結集。這表示在福音書的討論上，我們不能提出一些文學上的問題，如「誰人撰寫它們？」或「它們是甚麼種類的作品？」因為撰寫它們的人只不過猶如一部作記錄的機器，把他所收集到的故事寫下來。所以，他們認為福音書是獨特的，它們是 *sui generis* ——這拉丁文字詞的意思是：「它們自成的體裁」（of their own genre）或種類。布特曼說，不論它們是屬於甚麼類型的著作，它們都不是傳記，因為它們沒有告訴我們所有我們期望它們會說的事情，而且它們整體上也過於集中在耶穌受死一事之上。

編修鑑別學的貢獻

所以在一九二〇至一九八〇年代初，你真的甚至不能問：「甚麼是福音書？」但是在一九六〇至一九七〇年代期間，我們曾在第二章提及過的編修鑑別學便發展起來。這本來只是一個用於報章編輯身上的德文字詞（因為所有這些著作也是出於德國的）。我把「編修鑑別學」（redaction criticism）翻譯為「編輯鑑別學」（editorial criticism）。這個觀念指到，若你看看報章，你便會發現，即使它們都屬於報章的體裁，但它們也有不同種類。某一政治陣營立場的報章，如《華爾街日報》（*The Wall Street Journal*）或《每日電訊報》（*The Daily Telegraph*），以一種方式作出報導，但另一邊箱的《衞報》（*The Guardian*）或《紐約時報》（*The New York Times*），就會有不同的報導立場，而小報則會以嘩眾取寵的煽情手法來報導，而你對此早已司空見慣。若它們報導一篇戴卓爾夫人（Margaret Thatcher）的演說，《每日電訊報》將會極力偏袒保守黨（Conservatives），《獨立報》（*The Independent*）卻會反對它們，而《英國太陽報》（*The Sun*）則會告訴你，戴卓爾夫人穿甚麼顏色的裙子。美國的報章較多關心本土的傾向及有影響性的本土事件。雖然它們都是報章，但它們有其編輯方針，這情況你也不會感到希奇。在一九六〇至一九七〇年代期間，神學家之間興起一個熱潮，就是把馬太福音、馬可福音及路加福音作仔細的比較，舉例說，「為何馬太經常以這特別的方式來敍述故事呢？」由於很多馬可福音的內容再次出現在馬太福音及路加福音內，所以神學家們對於每次馬可的故事或結構是如何被改編，都特別感興趣。按今天的術語，我們會說：「他在這事上想主導出甚麼東西來呢？」（What's his spin on it?）他有甚麼編輯的關注？為何當路加述說同一個故事時，他會有不同的看法呢？

當你一接受這樣的思維，你就開始視福音書為一本綜合性的書。你可以把它們的作者看為具有個別旨趣的人來談論，以致你可以真正再開始去問，福音書到底是哪一種類的著作呢？從這點開始，我進行我的博士研究，並且從作品的體裁特色——即它們的篇幅、描繪的方式、它們所使用的度量衡單位、所引用的文學作品出處、所採用的性格描述手法、它們的內容及目的等等——把福音書及古典傳記作個比較。

這樣，布特曼的話就立時顯得所言甚是；他說福音書半點也不像我們所說的傳記。另一方面，沒有一本古時傳記的（它們在古時稱為「生活」〔Lives〕），跟我們所說的傳記有任何相似之處。我們今天所說的傳記是十九世紀的產物，按定義而言，那跟耶穌時期相若的世紀，並沒有受到傳記這類體裁的影響。其實，古時的人傾向以連貫的散文式敘事來寫古時的「生活」，字數則介乎一萬至二萬字之間。這是你可以在一卷書內可讀到的內容。不要忘記當時的人並沒有書本：我們是談論一張蒲早紙或一卷大約三十尺長的羊皮卷。羊皮卷是人們花上個半小時來公開大聲誦讀的一卷東西。這是當時的人作出宣佈的主要方法。他們會在晚飯或某些餘興活動過後去宣讀它。這些「生活」是讓人可以一次過宣讀出來的，所以它們通常會大致按時序作記述。古時的人對人的性格及所有後佛洛伊德（post-Freudian）的東西都不感興趣，但他們有興趣於人的品格，尤其是道德品格。從他們的公共生活角度，他們渴望聽到關於對某人的理解。文章通常直接從主角登上皇位的一刻作為開始；若主角是一位作家，起始點就是他在雅典贏得劇作比賽之時；若是一位哲學家，那就是他剛開始撰寫其著作。文章會以主角逝世作結，而這部分的篇幅會較長，因為古時的人認為一個人如何逝世，對於了解他的一生而言是十分重要的。死亡被看為是生命的高峯，它是總結一個人真真正正的所作所為的一種方式。你可在其中找到有關那人在這方面或那方面的觀念一些有用的資料。所以從福音書結構及內容來看，它們雖然跟我們所說的現代傳記不同，但卻跟我們稱為「生活」的古代作品十分相似。

福音書的主旨是甚麼？

當我們在文法上談論句子的「主詞」（subject）時，意思是指那位作出行動或開口說話之人的身分。若你在一篇長長的文章中，把在每句內所有的文法主詞總結起來，你就會找到那本書的「議論的對象」。我把這方法應用在整本福音書上。

若你對古時傳記的內容作一個結構分析，你便會發現當中大約百分之二十五至三十的動詞，也是以英雄作為它們的主詞，另外還有很多出於英雄的言論——談話、演說及教導等等。我們在福音書內所見的就是這樣。在馬可福音中，百分之二十五的動詞是以耶穌作為主詞，祂也說了百分之四十五的動詞。在馬太福音及路加福音中，百分之十八的動詞是以耶穌為主詞，百分之四十是屬於耶穌的言論。總結而論，在所有福音書中，包括約翰福音在內，有一半的動詞是以耶穌為主詞或出自祂的口。只有在古代作品「生活」中，才找到這種特別集中在一個人身上的寫作手法，並且在結構分析上對動詞的主詞有著完全相同的強調。因為福音書就是以古代「生活」的文學形式來寫成。它們集中在行動與說話兩方面，以了解它們所寫的那人物的類型。

福音書作為一種敍事基督論的形式

福音書並非單單是一扇窗，讓我們可以透過它而得見歷史性的耶穌，它們也非一面讓我們看見自己的反射映像的鏡子。它們像一塊著了色的玻璃，重點在於玻璃上的圖像。作畫的人只有有限的空間，它們放在其中的東西也是有限的。你透過這扇窗所看的任何東西，也被那玻璃添上了色彩。馬太、馬可、路加及約翰也是一樣。他們只有有限的空間——即一卷書——而且在每一卷書中，他們作出了選擇，因為他們想告訴你一些關於他們個別對耶穌的理解，這是他們想你去看的東西。福音書是以敍事形式寫成的基督論——耶穌的故事。

對耶穌的四個描繪

若我們看福音書猶如它們是一些集中於耶穌的記述，多於只是一些關於初期教會對耶穌的信念及神學的作品，這會帶來甚麼不同呢？當我們解釋福音書為四個描繪耶穌的嘗試，這是否有助我們對福音書的理解呢？在我的著作《四卷福音書，一個耶穌？》（*Four Gospels, One Jesus?* 1994）中，書名的那個問號是很重要的。若福音書是關於耶穌的故事，我們是否擁有四本福音書及四個耶穌？或者說，我們可以擁有四十四個麼？真的是一位耶穌麼？

四活物

先知以西結看見上帝寶座的異象（結一10），其中他看見那些環繞著寶座的活物有四個面孔——人、獅子、牛及鷹。這些活物在聖經最後一卷書再次出現（啟四 7），相同的四個活物——人、獅子、牛及鷹——在那裏聚集並環繞著上帝的寶座。在二世紀中期，初期基督徒非常喜歡作象徵性解釋，並且想知道：「這四活物是代表誰呢？」由於有四個活物，而它們的作用是告訴我們關於耶穌的事，初期基督徒就認為，它們代表著四個福音書的作者，所以這四活物通常被用來作為福音書的形象性表達。經過一世紀，尤其是英國的凱爾特（Celtic）時期，在一個特別文字未普及的世代裏，當時的人創作了一些以美麗圖案裝飾及色彩奪目的福音書抄本，例如《凱撒爾書》（*Book of Kells*）及《林迪斯凡福音書集》（*Lindisfarne Gospels*）。這些書的首頁會有一個獅子、牛或鷹的圖像，在周邊配以美麗的凱爾特藝術。所以即使你不懂文字，你可以看見在書卷上有一個鷹的圖像，就可以知道它是約翰福音。

另一處使用這些形象的地方，是以獅子圍繞而成的威尼斯聖馬可廣場（St Mark's Square）。我也在美國各處見到這些圖像，由紐約聖公會總會神學院（General Theological Seminary）的禮拜堂及餐廳，到田立西州塞沃尼（Sewanee, Tennessee）的美國南方大學（University of the South）的講台，還有由美國紐約州首府奧爾巴尼的天主教主教座堂（Catholic Cathedral of Albany）的彩繪玻璃，到位於加拿大溫哥華（Vancouver）的教堂的彩繪玻璃。

當我尋找一個方法來幫助人更清楚認識耶穌那四個圖像時，我會使用這些形象。這並不是說，我認為耶穌是一隻獅子或一頭牛，我希望探索的是，若我們從馬可那高於一切的獅子圖像的，或從路加那牛圖像的耶穌描繪來解釋耶穌，這會得出甚麼結果呢？很多人讀福音書的時候，以為它們是可以交替閱讀，但事實上每卷福音書也有它的觀點角度、特定的信息及與別不同的情景。讓我們依次看看每個圖像，從而把這些東西找出來。

馬可：獅子的吼叫

馬可福音是篇幅最短的福音書，字數僅僅超於一萬一千字，共有六百六十五節。它以未經修飾的純樸希臘文寫成，這意味著，它明顯是由一位非以希臘文作為母語的人，以簡單的希臘文所寫成的。其實，作者的母語是亞蘭文——希伯來語的普及模式，是耶穌時期的人及今日部分巴勒斯坦地人所操的語言。馬可福音的語言結構，跟亞蘭文及希伯來文有很多相似之處。

馬可的步伐

馬可福音是一卷十分直接、具活力及迅速的福音書。當我以獅子的圖像來代表馬可福音時，我們有趣地見到，耶穌如何跳上舞台及到處跳動。書內沒有提及耶穌的背景：祂的年紀有多大，或祂的先祖是誰，並一切你所期望知道的事。它直接來到出現一個成年耶穌的時期，而不作任何解釋（可一9）。在下一節那關於耶穌受施洗約翰的洗的經文中，我們發現「隨即」這個片語。單單在馬可福音首章，「隨即」這片語便出現了十次，這顯示出馬可為耶穌的圖像所添上的活力與步伐。他在整卷書內使用這片語超過四十次，這差不多等同在其餘新約聖經的書卷所出現的次數的總和。馬可明顯想加快他書內的步伐。

馬可也喜愛運用我們所稱為歷史現在式（historic present）的手法。你或許曾聽過幾名老婦在談論上週所發生的事或五十年前的往事，但她們是以現在式不斷交談的。「所以我對她說，她又對我說。」（“So I says to her, and she says to me.”）往事對她們而言彷彿是充滿活力一樣，以致她們此時此地以現在式去談論它們。馬可在他整卷福音書中也是如此，他嘗試把書中內容帶到現時、當下。一切的事也是在此時此刻發生的。你不會在英文翻譯中找到這種此時此刻的表達形式及風格，因為它並非一個好的英語風格。翻譯者傾向認為，馬可福音需要修正，他們就替馬可把它寫成過去式。你必須讀希臘文的新約聖經或讀一本著重直譯的聖經譯本，才可以掌握這點。

馬可福音有十六章，分為三個主要部分。第一部分是一至八章，它顯示出衝突的產生及發展。耶穌在公開場合出現及四處奔走，作教導、醫治及執行拯救人脫離邪惡勢力的職事，有點像一隻在咆哮的獅子。祂與別人的衝突不斷加劇，這些衝突來自祂的家人——他們認為祂是失常的——也來自許多跟祂爭論的教師，最後是來自政治及宗教上的權威。在這些衝突背後，馬可提到還有一個來自邪惡勢力的宇宙性衝突。馬可福音三章 19 至 35 節的故事，包含了所有這些不同的衝突。我們在故事裏讀到，加略人猶大正準備出賣耶穌、祂的朋友認為祂瘋了、文士斷定祂是被鬼附的、祂也從一個跟宇宙邪惡勢力衝突的觀點來談論祂自己趕鬼的職事。

在馬可福音中，耶穌明顯是一位教師，因為祂常被稱為「拉比」，但書內卻不多記述祂教導的內容，而我們所讀到的都如迷一般難以理解，甚至那些一直伴隨祂左右的門徒也三番四次錯解當中所表達的意思，耶穌也因此被他們激怒：「你們還不明白麼！」祂在四章 13 節、六章 52 節、八章 21 節，並再次在九章 32 節表達歎息。

至於為何馬可筆下的門徒經常誤解耶穌，這一直有很多爭論。它是否跟初期教會內那些不同羣體及爭論有關？若我們從馬可的基督論角度來看他的敍事，就會發現馬可嘗試論及耶穌的某些東西：祂是難以理解及不易跟隨的。你若在初時看錯了也不用驚訝，因為門徒也同樣看錯。若偉大的英雄如彼得也看錯，我們其餘的人就仍有希望了。這是馬可藉著門徒誤解的圖像所創作出來的耶穌形象。

耶穌的身分

馬可福音的第一部分介紹了為咆哮及打鬥而奔跑的獅子那猛烈的步速。但來到第二部分，我們會轉用音樂的辭彙來形容，因為我們來到歌曲的慢板部分（可八～十章）。這部分提出一個關於身分的問題。在這裏的又是甚麼種類的受造物？這位作出這樣的聲稱，作出這樣的教導，可以叫人痊愈及拯救人脱離邪惡的人，祂是誰？藉著馬可福音中間的幾章，我們嘗試找出一些答案。耶穌是一位難以理解的行異能者。祂醫治人但卻吩咐得醫治者不要把事情告訴別人。祂是一位終末的先知，也就是那位處身於末日時期的先知，但祂卻説末日正在來臨，這叫人感到困惑。祂是彌賽亞，但當祂被認出是基督的時候，祂卻告訴彼得及其他人不要對別人説祂是誰。祂甚至暗示自己是上帝的兒子，但每當祂提及自己時卻愛用「人子」這稱號——以較為間接的方式指涉自己。祂上耶路撒冷去，但實際上並非是要以軍事行動來驅逐羅馬人並引進上帝的國，而是要受苦及被殺害（八 31～32，九 31～32，十 33～34）。當祂的門徒知道這目的後說：「不要，這事必不發生。」像這樣一位矛盾與難以理解的人物，對於門徒及我們而言，也是難以理解的。

當祂來到耶路撒冷及聖殿時（可十一章），就像獅子返回它的獸穴，而故事的發展是，祂發現聖殿成了一個賊窩。我們在上一章已討論過祂在聖殿的示威行動。耶穌所指控的是：本用作祈禱之聖殿成了作買賣之場所（十一 15～19）。

「不成為其本身之所是」（something not being as it should be）這主題在馬可福音是十分重要的。耶穌提及一個關於主人到葡萄園找不到果實的比喻（可十二 1～11）。耶穌自己往無花果樹去，期望找到果子但卻找不著。所有這些事物——葡萄園、無花果樹及聖殿——在整本希伯來聖經中也是用來比作上帝的子民。所以，當葡萄園沒有葡萄、無花果樹沒有無花果、聖殿裏沒有禱告，這就是一個警告：「上帝正要來到祂的子民那裏，你是否預備好了？若還沒有，毀滅就會出現。」在馬可福音十三章，耶穌在預言中發出警告，指出聖殿將要被毀，而這事約在四十年後，即公元七十年發生了。

馬可的耶穌受難

在最後部分，即十四及十五章，那位具活力的人不再到處奔走，變得十分被動。祂不再說話，祂被捕，祂不為自己辯護，祂受苦，並且在漆黑孤寂之下，被當作一位罪犯而遭處決。祂臨終前的遺言是：「我的上帝！我的上帝！為甚麼離棄我？」(可十五 34) 即使這句話也被人誤解。就在那時，有人首次形容祂為上帝的兒子。那人就是一名站在十架下的羅馬百夫長。

即使在馬可福音的結尾，即十六章，也充滿難以理解、害怕及畏懼的地方。原稿在十六章 8 節結束。經文提及一個空的墓穴、幾名天使，並且經文提及有一些婦女來到墳墓那裏，她們獲告知耶穌已復活，以及她們被吩咐要把這事告訴其他人——但是她們走出來後，因為害怕，她們沒有告訴人甚麼。剩下來，我們懷疑，這些門徒是否仍按耶穌所說的到加利利去再次見祂呢？

對於這位頗難以理解、使人困惑、雖意識到自己是受上帝所差派但又經常被人誤解的耶穌，這是一個十分有趣的描繪。

馬太的人性面孔：以色列人的老師

馬可福音的耶穌形象是一頭這樣令人恐懼及困惑的獅子，然而馬太福音在傳統上卻被賦予人臉的形象——耶穌是以色列人的老師。馬太福音的篇幅比較長：它的字數超過一萬八千字，節數多於一千節。

馬太的資料來源

馬太福音的內容取自三個主要資料來源。差不多一半的馬太福音，其實是重覆馬可福音的。馬太明顯得到一卷馬可福音的抄本，在他撰寫馬太福音的時候，把馬可福音展開在自己的書桌前，並把它的內容抄到馬太福音上。我們所有人也知到，抄襲在今時今日是一件不要得的事，若你在考試中抄襲別人的答案，你就必會被取消應考資格。但是在古代時候，抄襲卻是一件美事，因為抄襲某人的東西，就是向那些作為前輩的權威表示一分敬意，並且表示你把自己置於這些前輩的權威之下。不論對於古典著作的作者還是聖經作者而言，這也是真實的。然而與此同時，當他們認為有需要的時候，就會毫不忌諱地把原著重寫。馬太把馬可福音中過於近似亞蘭文的希臘文修正過來，並且在撰寫馬太福音時解釋、刪減或增補馬可福音的內容。所以馬太福音一半的內容取自馬可福音，另一半的內容則再分為四部分：一部分是來自馬太福音及路加福音的共同資料來源（參本書頁 33 的圖示）。神學家稱這份假設的而我們還未得到手的文件為 Q ——這源自於「來源」（source）的德文 *Quelle*。這文件可能是一份耶穌教誨的清單。雖然我們實際上並沒有這份文件在手，但鑑別學者也普遍使用 Q 這講法。（若你看《星際旅行：下一代》〔*Star Trek: The Next Generation*；或譯「新星空奇遇記」〕，你便會知道，Q 是一位既可以顯現又可以隱藏的人物，他也可以隨意變化為任何模式：我愛嘲弄新約聖經學者，他們對 Q 的使用跟《星際旅行》的 Q 沒有兩樣。）

一位猶太人老師

馬太十分熱中於顯示這張人臉——這位以色列人的老師。他在其故事裏加入一個觀點，就是明顯寫給猶太讀者的。他不斷向讀者顯示，所有發生了的事情都是如何應驗古時先知的預言。你需要對你的希伯來聖經有深入的認識，才可以實際上欣賞到他所多次提及的事情。

馬太福音中舊約聖經的預言

馬太重述了摩西故事的重點，這顯示出耶穌是另一位摩西，是一名解放者。祂教導以色列人再次認識到「上帝就是拯救」。

- 那名嬰孩從一位想要對嬰兒進行屠殺的邪惡君王手中，被拯救出來（出一 15～二 10 及太二 16～18）。
- 祂為求活命而逃亡， 並且在他鄉成長（出二 15～22 及太二 13、14）。
- 祂在那王逝世後才回來（出二 23 及太二 19～20）。
- 這事件牽涉攜同妻子及兒子（出四 20 及太二 21）。

耶穌作為以色列人的老師，被描述為另一位摩西。

- 以色列人在埃及的時候，他們被上帝描述為「我的長子」（出四 22）；耶穌在受洗的時候被稱為「我的兒子」（太三 17）。
- 以色列人在曠野受試驗四十年（申八 2）；耶穌受試探四十晝夜（太四 1～2）。
- 摩西登山領受上帝的訓誨（出十九 20），之後他下山走到人羣那裏（出十九 24～25）；耶穌上山教導以色列人（太五 1），之後祂下山走到人羣那裏(太八 1)。

- 摩西在山上得見以色列之地(申三十四 1～4),而耶穌看見「世上的萬國」(太四 8)。

所以,馬太談論耶穌的猶太人背景:他給耶穌一個可追溯祂先祖的家譜,從約瑟開始到一些偉大的英雄人物如大衛,最終當然是返回到亞伯拉罕。從一個男性角度去看事物,會顯出對某些事件特別強調,所以耶穌出生的敘事是以約瑟的觀點出發。耶穌被描述為另一位摩西。祂在山上教導人,就如摩西所作的一樣。祂沒有棄掉猶太律法:與此相反——祂成全律法與先知的(太五 17～20)。馬太另一個具有猶太背景色彩的「信息」是,他把耶穌的教導,尤其是把那份 Q 的內容(他與路加所共用的資料)收集在五大單元中——五篇講章,即五篇演說。第一個單元是五至七章,即是人所共知的登山寶訓(摩西也在另一座山上作教導)。這五篇講章或演說,呼應著聖經的首五卷書,即律法書,或希伯來聖經的首五卷書。馬太似乎要說,耶穌如摩西一樣有五個教導的單元。

我們發現,惟獨在馬太福音中,我們得知耶穌說祂的使命是要到以色列家的迷羊那裏去(太十 5～6)。當一位外邦婦人前來求助時,祂也重覆著這使命(十五 23)。她強求耶穌,之後耶穌因著她的信心也幫助了她。

我們在馬太的故事中處處看見,耶穌——作為所有猶太人的期望之實現——跟那些與祂同時代卻反對祂的宗教權威發生衝突。正因他們這樣作,耶穌開始籌組一個新的社羣。他們是相信耶穌為彌賽亞的猶太人信徒，並且他們旗幟鮮明地以此作為新社羣的開始。第四個單元（太十八章）是關於教會的教導單元，而第五個單元則包括有關終末時期的教導（二十四～二十五章）；在這第五個單元之前，耶穌述說祂那時代的領袖之禍患（二十三章）。

馬太的耶穌受難

在馬太對耶穌受難——祂的受苦及受死——的描述中，耶穌對出賣祂的猶大，以及對彼拉多因祂而洗手的方式，作出爭論。反對與衝突雖然來自四方，但耶穌所經歷的明顯應驗了先知的話。當我們聽到耶穌在十架上所發出的那被遺棄的呼喊時，馬可福音十五章 34 節所記載的，只是一個孤寂的呼喊，但馬太（太二十七 45～54）不單以黑暗、還以地被震動及盤石崩裂來形容。這樣的描述，正好是在整卷希伯來聖經中每當上帝顯現並介入人類經驗時所發生的事。馬太說：「在那個極度孤寂的一刻，當耶穌經歷著人類極致的疏離，即是罪與迷失，甚至是死亡，那正就是上帝的終極啟示。上帝甚愛我們，以致祂來到我們中間並以這方式生活。」

隨後，在墳墓那裏還有另一次地震（太二十八 2～4），耶穌跟幾位婦人（二十八 9）及第一批見證人相遇。在以色列人中間，受賄說謊的士兵跟當時被吩咐往地極去的門徒（二十八 16～20）出現分歧。我們可以從這點推論出，馬太可能大約是在公元八十多年猶太戰爭之後——即一段十分痛苦及苦澀日子——

就是在教會與會堂分裂的時期寫成馬太福音的。這是一本主要為那些相信耶穌是彌賽亞的猶太基督徒而寫的書，幫助他們明白為何他們被逐出會堂，以及為何以色列人拒絕他們的彌賽亞。正如所有內部的爭論一樣，這個分裂是十分苦澀的，人若忽略這背景而讀馬太福音，這福音書對於他們而言，就似是一部十分反猶太的著作——直至你記起它的作者本身也是一名猶太人。死海古卷及當中論到一世紀猶太人領袖的內容，對猶太人的批判，比馬太福音厲害得多。但沒有人形容死海古卷為反猶太著作——你不可以看它為反猶太著作，因它們是當時猶太人內部爭論的一部分。只有猶太劇作家（及拉比），才容許說猶太人的笑話！馬太也是一樣，他試圖作一石二鳥之舉。他試圖述說有關耶穌的基本故事，但他也試圖回答：「為何以色列拒絕祂？」他這樣做，是為了猶太的基督徒。

路加的負軛的牛

然而，路加以相同的故事內容，寫給一羣完全不同的讀者。馬太福音是為一個具強烈猶太色彩的處境而寫的，但路加則是為一個具強烈希臘或羅馬色彩的處境而寫的，這也是當時普遍的文化處境。馬太追溯耶穌的先祖至亞伯拉罕，但路加給我們一個由始至終返回到亞當的家譜：「……亞當的兒子……上帝的兒子」（路三38）。路加福音是最長的福音書，超過一萬九千字，大約有一千一百四十九節。路加也同樣採用馬可福音，但他傾向把其資料加以編排整理。所以我們較難在其中看見一組以同樣方式編排的資料。

路加福音中的資料來源

路加福音	馬可福音作為資料來源	Q 及 L 資料
一 1～三 2		L〔即路加福音所獨有的資料〕
三 3～四 30	使可一 1～20	與 Q 及 L 混合
四 31～六 19	基本上按可一 21～三 19	
六 20～八 3		把 Q 與 L 合併
八 4～九 50	基本上按可四 1～九 40	
九 51～十八 14		把 Q 與 L 合併
十八 15～二十四 12	可十 13～十六 8	加上 L 的資料
	藉耶穌受難一事插入	
二十四 12～50		L〔即路加福音所獨有的資料〕

上表顯示出，路加是如何合併馬可的資料、那份他跟馬太共享的 Q、那份他自己擁有的資料——L——及他作過資料編排的大段落。馬太從約瑟的觀點去看故事，但路加卻從馬利亞的觀點去看。我們看見耶穌出現在婦女當中——如馬利亞及伊利莎白——並且在低下階層的貧窮者當中。在馬太的記述中，來自東方的富裕智者來見嬰孩耶穌，但在路加的記述中，出現的卻是那些貧窮卑微的牧羊人（路二 10～20）。負軛的牛經常被用來代表路加福音。馬可福音的起首部分描述耶穌為一

隻急速的獅子並立時四處跳躍，但路加卻以歷史及地理的角度去看耶穌，以路加所形容的「按次序」（一 3）來寫路加福音，其穩定的進度有如一頭蹣跚而行的牛。

路加福音謹慎地以歷史框架作為結構。開首的一章有著刻意營造出來的舊約聖經的感覺，其中以常見於希伯來聖經的片語如「某某的家」（the house of）、「在某某面前」（before the face of）及「發生」（it came to pass）來喚起這感覺。當耶穌及門徒去到耶路撒冷的時候，情況就有了變化，而在路加的第二卷書使徒行傳中，耶穌及門徒便被帶進整個希羅世界的背景中。

路加福音同樣可以從地理角度劃分為三大部分。起初的九章是耶穌在加利利的職事；在中間部分（路九～十九章），耶穌南下沿約旦河谷走向耶利哥，並朝耶路撒冷進發；最後部分是十九章至結尾，在其中，耶穌進入了耶路撒冷。

路加所特別關注之處

路加十分熱中於要顯示耶穌作為一個人的成長過程，但路加又是一名一直稱耶穌為救主及主的人。在耶穌整個職事的第一部分，路加恆常地提出有關耶穌身分的問題。參加敬拜的人在拿撒勒（路四 22）及迦百農（四 36）的會堂中感到希奇；文士及法利賽人（五 21）、施洗約翰（七 19）、門徒（八 25）及希律（九 9）也提出疑問。路加所作出的第一個回答，是看耶穌為一位先知。耶穌受洗的情景，藉著被強調的聖靈降臨及對耶穌所說的「你是我的愛子」這句話，提醒我們，一位先知被膏立了。四章 16 至 30 節曾提及以利亞和以利沙，而耶穌使寡婦的兒子復活，則使人憶起以利亞曾施行類似的神蹟（路七 11～17，與列王紀上十七章 17 至 24 節的對比）。從七章 16 節、九章 8 節及九章 19 節可見，似乎羣眾看祂為一位先知，而耶穌也拿自己跟約拿相比（路十一 29～32），並且十一章 47 至 52 節，談論有關拒絕及殺害先知的事。祂也展開一趟到耶路撒冷的先知旅程，因為「先知在耶路撒冷之外喪命是不能的」（十三 33）。

耶穌的門徒不是僅僅得十二人，它是一個包含更多人的羣體。路加談及有多少羣眾跟隨耶穌，並特別向我們述說有關婦女作門徒的事（路八 1～3；十 38～42）。他談及有關另一羣被稱為「七十個人」的門徒（十 1～6）及有關那羣熱情羣眾的事。在路加的記述中，門徒對所發生的事之了解是好得多的。那些在馬太福音內似乎跟耶穌進行激烈爭辯的法利賽人，在這裏卻很多時候邀請祂赴晚宴，並在晚宴上進行很多宗教辯論。真正反對耶穌的勢力是來自大祭司、撒都該人，以及那些掌管耶路撒冷聖殿、並知道如何去宰殺一頭不安在其位的「牛」的那些宗教領袖。

在整卷路加福音之中，耶穌關懷貧窮人、失喪者、被拒絕者、被遺棄者、婦女及外邦人等等。這就是為何那負軛的牛的形象十分切合路加福音。祂以禱告來支撐祂的事工（這卷福音書所強調的主題），而祂是把聖靈賜給人的那位。相比於馬可的六次及馬太的十二次，路加在他的福音書內提及聖靈達十八次，而使徒行傳就更驚人地有五十七次。從一章 34 節至二章 27 節，聖靈發動著福音書內的每一個階段的進展，祂臨到馬利亞、伊利莎白、撒迦利亞、約翰及西門那裏。在耶穌職事開始時，聖靈在耶穌受洗時以「有形體的模式」降臨，並且引導祂進入（路四 1）及離開（四 14）曠野。在四章 18 節，耶穌在拿撒勒的宣告是以「主的靈在我身上」作開始的。而當祂面向耶路撒冷的時候，路加又用了另一組指涉來顯出聖靈在其中（十 21，十一 13，十二 10、12）。耶穌並非單單超然地是那位被聖靈充滿的人，祂也是那位以聖靈來給人施洗的人（三 16）。馬太在馬太福音七章 11 節說，上帝會把「好東西」賜給祂的兒女，而在路加福音內跟此平行的一段則說到，天上的父親會把「聖靈給求他的人」（十一 13）。復活的耶穌為這應許作了補充（二十四 49），而且這個應許在整卷使徒行傳中也得以應驗。

路加的耶穌受難

當我們來到路加那受難的故事，我們會發現耶穌的死跟祂的生沒有兩樣。祂向祂的朋友所說的臨別之言，為他們那繼續下去的生命提供了聖餐（路二十二 15～20）；祂提醒他們有關出賣的事（二十二 21～23）；祂平息他們在耶穌離去後他們因各人的行為而產生的紛爭（二十二 24～30）；祂確立彼得為祂的繼任人來堅固其他人（二十二 31～34）。祂在前往釘十架的路上，祂關心那些為祂而哭的耶路撒冷婦女，並提醒她們耶路撒冷將要被毀一事（二十三 27～31）。祂祈求赦免——「父啊！赦免他們；因為他們所做的，他們不曉得」，也為處決祂的卑微兵丁代求（二十三 34）。馬太及馬可也記述了，在耶穌兩旁同釘十架的兩名強盜侮辱祂，但在路加的記述中，耶穌對其中一名悔罪的強盜說：「今日你要同我在樂園裏了。」（二十三 43）祂並非如馬太所記在被遺棄的孤獨中死去（「我的上帝！我的上帝！為甚麼離棄我？」）或如馬可所記的在被誤解中去世；在路加福音中，祂是作為一位仍然信靠上帝的禱告者而去世的，如同一位孩童念著猶太人晚上的詩：「父啊！我將我的靈魂交在你手裏。」（二十三 46）

在復活之後，耶穌向祂的朋友顯現，跟他們一同吃飯（路二十四 43）。路加之後提醒我們，他對歷史及地理的興趣，因為他告訴我們基督教信息將要如何由耶路撒冷一直傳開到地極。

約翰的高空飛鷹

論篇幅之長短，約翰福音是介乎馬可福音，與馬太福音及路加福音之間。它有八百七十八節經文，約一萬五千五百字。在舊約聖經裏，鷹被用來作為上帝的威嚴之形象，代表祂那看見萬事及知道萬事的能力；鷹也作為上帝體貼關懷之形象，祂以雙翼把子民背起來（出十九 4）；但鷹也作為上帝審判之形象，祂俯衝下到牲畜那裏並將其帶走（耶四十八 40 ～ 41）。所有這些東西皆是約翰對耶穌的描繪。

約翰福音跟符類福音有顯著的分別。約翰同樣記述了關於耶穌職事引來祂跟權貴的衝突及祂隨後的受難這些基本的故事，而約翰有些言論、故事及事件，也跟符類福音中的內容相似。但是，他以不同的風格來撰寫，以他個人的主題、用字，並以一個不同的時序把事件排列出來——例如聖殿事件發生在屬於全書起首部分的二章，而不是在最後部分如馬可福音十一章那樣。約翰筆下沒有比喻，也沒有趕鬼的事。耶穌以延伸的論述來談論祂自己，多於以精簡的話去講論關於上帝的國的事。有很多可愛的人物及事件惟獨出現在約翰福音——迦南婚宴（約二 1 ～ 11）、尼哥底母（三 1 ～ 21）、撒馬利亞婦人（四 1 ～ 42）及拉撒路（十一 1 ～ 44）。

神聖的角度

馬可一開始就直接提到耶穌的受洗，馬太以耶穌的出生為開始，路加以那給耶穌預備道路的施洗約翰的出生為開始，約翰在約翰福音一章 1 至 18 節，則以一幅十分久遠的圖畫作為開始：「太初有道，道與上帝同在，道就是上帝。」耶穌其實跟上帝一樣，是先存的（pre-existent），在太初時祂就有分於世界的創造，祂從那些不可思議的神聖境界而來，取了人的樣式並活在我們中間。

約翰以兩大部分來建構耶穌的故事——前一半是職事（約一～十二章），另一半是死亡與復活（十三～二十一章）。耶穌位於舞台的中央，貫穿了上述兩大部分。約翰把神蹟與講論、事工與教導合併起來。所以，例如在六章，我們有那個關於耶穌使許多人得吃的故事，之後就有一場關於「耶穌是真正的糧」這宣稱的辯論。在九章，我們有一個關於醫治瞎子的故事，並且有一段長長的關於「耶穌是世界的光」這說法的講論。我們有死人復活的故事，也有那關於耶穌是復活與生命的陳述（十一章）。

流暢的文筆及重覆的用字，給這卷福音書一個簡樸的外表：默想性的反省加強了整卷書那隱藏之深度。耶穌跟其他人的對話始於一些日常自然的事，如出生（約三 3）、水（四 7）、食物（六 25 及後）或視力（九 1），但領悟力的欠缺及問題的產生，便隨之而來。尼哥底母不能再進入他母親的肚腹裏；婦人發覺耶穌並沒有桶子打水；羣眾希望有真正的食物可吃。耶穌邀請他們看穿這些「地上的事」而得見它們所代表的「屬靈實在」（spiritual realities；三 12）。在深一層的層次上，作者仍向讀者發出同樣的邀請。

約翰的圖畫以引言的高飛角度作開始，而在整個敍述部分，耶穌也沒有失去這方面的認知：祂自覺到祂自己跟上帝是先存的（約六 38、62，十七 5）；祂知道是誰差遣祂到世上來，所為何事（六 39）；祂知道祂的時候未到（二 4）及何時來到（十二 23，十三 1，十七 1）；祂知道祂從何處來並且往那裏去（七 33，八 14、21，十三 3）；祂知道祂如何往那裏去（十二 32～33）；祂知道所有屬祂的人的最終結果，就是如何在祂父的榮耀中跟祂一起，這榮耀也是祂在創世時所擁有的（十七 5、24，二十 17）。

然而，儘管祂具有神聖的知識，約翰筆下的耶穌還是會感到疲倦及口渴（約四 6～7），並且在朋友逝世時會流淚（十一 35），對於所發生的事會感到激動（十一 33、38）。在祂身上，神性與人性之間是有張力的。

約翰的耶穌受難

約翰說耶穌是與父同等（約十 30）、但又是依靠父的，在這種言說方式中存在更多關於耶穌的神學及反省。在整個故事中，來自這羣被約翰稱為「猶太人」（the Jews）的反對勢力日漸壯大——但你要記得，約翰是猶太人，耶穌是猶太人，門徒也全是猶太人。所以，約翰使用這個稱呼的意思，是指到猶太人的領袖。

最後，耶穌在最後階段安排時間跟門徒相聚（約十三～十七章），即使在受難當中，祂仍在掌管，並對事件作出指導。祂選擇放下祂那自主的生命（十18），並且為此在一次臨別贈言中，向祂的門徒解釋一切（十14～17）。祂「自己」背負祂自己的十架，而約翰並沒有提及古利奈人西門；祂的受苦並不是約翰所強調之處，但從十架可見，祂關心誰人將會照顧祂的母親，以及祂把祂的母親交託給祂一位朋友，即是祂的門徒（十九26～27）。祂一直也在實現經上的話，就是聖經所說：祂會口渴及死去；但不同於馬可及馬太所記的，在一個被遺棄的呼喊中死去，也非如路加所記的，在一個交託的呼喊中死去，而是在一個得勝的呼喊中——「成了！」——死去（十九30）。之後，我們在二十及二十一章有復活的故事，在其中，祂再次顯現去安慰馬利亞、挑戰多馬及堅固彼得。在每個情況中，他們也被挑戰去以一個新的角度來看事物，這導致人宣認耶穌那主的身分。對於那些以較高階的觀點來看約翰福音的讀者而言，他們在開始的時候已知道這真理。在開始的時候，那「本身就是上帝」的道，現在於結束時被確認為上帝。

從四卷福音書返回一個耶穌

現在我們看過每卷福音書的獨特之處，我們就面對一個問題，到底耶穌本身跟那些描繪之間有何連續性呢？我們談論**馬可的耶穌**（Mark's Jesus），是否就表示這是他個人的創作；或談論**馬可角度的耶穌**（Mark's view of Jesus），是否就表示這談論是基於一位被福音書作者以某角度所欣賞的歷史人物呢？福音書的作者們是否從他們的資料來源中選取合適的資料？還是他們在無中生有呢？「祂的故事」（his story）跟「歷史」（history）有何關係呢？若「祂的故事」並非「歷史」，這又是否真實的呢？

不幸地，有些現代的研究假設，若福音書中有「小說」（fiction）的成分，它們就是非本真的或是不可信的。但是，仔細一點研究文學鑑別學，就可以指出，沒有人以寫古典傳記來提供一份經證實的歷史文獻，如同我們以錄音機所錄下的東西一樣，相反，他們試圖走到那人「裏面」。所以，約翰所強調的「真理」，並非關於經證實的事實，而是關於「耶穌是誰」這更高階的真理，這是他選擇以傳記格式去撰寫福音書的原因。於他而言，耶穌是「道路、真理與生命」，所以他筆下的耶穌就如此說（約十四6）。若問耶穌是否真的曾說過這些字眼，就完全抓不著要點。這並非一個謊話，也不是小說；它僅是一個途徑，帶出作者希望告訴讀者有關主角的真理。

每一個福音書的作者都以他獨特的方式，描繪出他對基督的信念。在馬可福音，耶穌的身分是藉著鬼怪及天上聲音這超自然的方式去顯示的，並且最後得到十架下的百夫長確認：「這人真是上帝的兒子！」（可十五39）在馬太福音，我們看見耶穌在出生時受智者敬拜為上帝，在一艘被風暴所摧殘的船中受門徒敬拜為上帝，在山上受新的羣體敬拜為上帝。路加作出一個值得注意的轉變，就是由他在最初幾章以「主」這片語來表示「主上帝」，到後來把它作為耶穌的主要名稱：上帝所是的，耶穌也是。約翰從引言（「道就是上帝」），直到多馬的認信（「我主我的上帝」），都開宗明義地指出這信念。

所有四位福音書的作者也同意，耶穌的一言一行是為上帝而說、為上帝而行的。祂並非只是一位先知，甚至也非上帝的國的人類代表，因為祂受到只有上帝本身才配受的崇拜，人們的這種反應是不尋常的。我們或許有四本福音書，但只有一個耶穌。祂是以人的形象來到我們當中的上帝。

4 耶穌與保羅

我們要記得，我們在上一章探索過的四個描繪，皆是在耶穌逝世至少一個世代之後才寫成的。最早成書的馬可福音可能是在公元六十年代中期——即耶穌逝世三十多年後——才結集而成，而其餘的福音書則成書於公元七十、八十甚至是九十年代。當我們轉到保羅這個人，我們便更進一步貼近耶穌本人的時期。保羅其中一封書信很有可能是在耶穌逝世十五年後便寫成的。

然而有趣的是，保羅其實告訴我們很少關於歷史性的耶穌的事。你或許會期望這樣早期的資料會告訴你關於耶穌的生平，而較後期的資料會專注解決人們對基督教的觀念、信念及神學。有些人構想出一個基督論的發展進程的觀念，他們認為信徒對耶穌的了解會隨著時日而增加，而耶穌就愈來愈被看為神聖的。可是，事實並非這麼簡單。

在上一章，我們看見成書較晚的福音書才是告訴你耶穌生平的著作。當然，它們當中也同時具有神學及關於信仰的理解。福音書重要之處是，它們所述說的基本故事皆相同：它們提及耶穌在公開場合出現，而它們以約一半的時間來談論祂的教導、醫治、宣講及跟邪惡鬥爭的職事。另一半則論及祂的被捕、受審、死亡，以及最後復活——空墓穴、顯現及之後所發生的事。

雖然福音書作者按其意思寫出他們對耶穌的解釋，但四卷福音書之間在事實方面的一致性是十分明顯的。所以我早已提示到，早期資料不一定是歷史性的，後期的資料也不一定是神學性的，而事實上在整個一世紀中，資料都是兩者的結合。

由耶穌到保羅：
初期基督徒及前保羅時期的基督論

當我們後退一個世代，來到保羅時期，出乎意料的是，保羅其實很少提及耶穌在地上的生平及職事，他反而對這生平所引起的神學衝擊及重要性更感興趣。保羅寫了部分新約聖經最早成書的書卷，但我們有沒有任何方法可以返回更早的時期，看看在耶穌死後至保羅寫成第一封書信之間那約十五年的情況呢？這時期在神學、宗教及屬靈方面對耶穌所作出的評論，明顯是有絕對的重要性。

當然，我們沒有任何比保羅書信更早期的文件。但我們發現，在保羅書信中，出現一些風格稍有不同的片語甚至是段落，它們或在某些情況中使用不同的字彙。在這些段落中，保羅似是在引用早期的資料，以致使我們接觸到那介乎耶穌與保羅之間的那段前保羅時期（pre-Pauline period）。

在很多地方，保羅以專門的辭彙去「傳遞」傳統：「我把曾傳遞給我的東西傳遞給你。」那些以這片語作為開始的段落，或當保羅似是在引用早期關於耶穌的詩歌時，都使我們可以一瞥初期的世界。

關於這段很早的時期，有一件事是很清楚的，就是在耶穌離世約十年之後，祂已受人敬拜。這當然是值得注意的事，因為耶穌是猶太人，祂的門徒是猶太人，初期基督徒也是猶太人——即嚴謹的一神論者（monotheists），而且所頒布給他們的第一條誡命，就是「你當單單敬拜主你的上帝，再沒有其他敬拜的對象」。在這時期的猶太人又怎可以在實際上踏出破例的一步，不僅敬拜一個偶像、一位君王或一個象徵，而是實際地敬拜某人呢？他們曾稱他為人，他活過也死過——並且羞辱地死去——這都只不過是幾年前的事。這明顯是發生了一些很重要的事情。我們自然可以就復活的歷史性及它的證據進行辯論，但有一件絕對無可置疑的事實，就是初期基督徒對復活的信念，而這信念就帶來改變的開始（參本書第一章）。

「傳遞」的段落之例子

- 哥林多前書十一章 23 節：「我當日傳給你們的，原是從主領受的，就是主耶穌被賣的那一夜……」
- 哥林多前書十五章 3 節：「我當日所領受又傳給你們的：第一……」
- 哥林多前書十一章 2 節：「我稱讚你們……又堅守我所傳給你們的。」

（有關所傳遞的傳統，另參帖撒羅尼迦後書二章 15 節及三章 6 節）

耶穌作為上帝的智慧

我們在新約聖經最早期的資料可以見到，當最初的基督徒嘗試思考關於耶穌的事到底是甚麼一回事，並且嘗試了解所發生的事之重要性時，他們對希伯來聖經作出具創意的引用。身為猶太人，他們回到他們的聖經中查看並遍尋所有的預言，就是那些遍佈在律法、先知及聖卷——現時基督徒稱它為舊約聖經——中的經文。

他們特別找到很多關於上帝的智慧（Wisdom）這猶太傳統。「上帝的智慧，就差不多等如一位與上帝分開的位格」，這概念是從希伯來聖經中發展出來的。它若單單獨立來看，是可以頗危險的，但若形容它為「上帝的智慧之化身」，這也許會較為安全。這個智慧的形象尤其在智慧文學中——箴言、約伯記及在兩約時期成書的書卷——產生及得以發展。她——智慧是一個女性形象——經常以第一身說話。她說：「我在起初便與上帝同在，我參與在創世中，主首先創造我，主差我住在人類當中，並教導他們上帝的智慧。」這概念就是：你差不多可以把獨一上帝的智慧想像為一個化身、一個參與創世及支撐世界的角色，但她也降到人間，教導人關於上帝的道理，並且邀請人去選擇是否去回應她。

關於智慧的經文及其內容

- 智慧是由上帝賜予人的：王上三 28；拉七 25。

- 智慧的搜尋：箴二 1～15，七 4。
- 智慧之形象：箴三 13～20，八 1～36，九 1～6；伯二十八 12～28；《所羅門智訓》(Wisdom of Solomon) 六章 12 至 25 節，七章 21 節至八章 9 節。

雖然這個形象被形容為有別於上帝，但她是智慧的化身而非在任何方面作為第二位上帝，這一點是絕對清楚的。猶太人一直非常清楚上帝是主，祂是獨一的。上帝所配受的尊崇是何等的大，以致你永不會直呼祂的名字。當你讀聖經讀到上帝的名字，你只會説「主，上主」(“the Lord, *Adonai*”) 似乎，初期基督徒解釋耶穌這人其中一個最先的方式，是受到那些有關智慧——作為來自上帝、住在人間、教導世人，並把人帶到上帝那裏的那一位——的傳統所啟迪的。

「耶穌是主」

第二方面，我們很早便發現清晰的證據，顯示出初期基督徒稱耶穌為「主」(Lord)。我們知道這事，因為我們讀到一段非常簡短的亞蘭文 (Aramaic) 禱文。當保羅寫信給那同時包含操希臘語的猶太人及操希臘語的外邦人的會眾時，十分有趣的是，他間中會使用小許亞蘭文。其中一個例子是那簡短的禱文「瑪能拿他」(Maranatha)，它是「我們的主，請來！」或「噢！主啊，請來！」的亞蘭文。亞蘭文 *Mar* 的意思是「主」。我們發現這禱文遍佈在希伯來聖經之中；這是一個為主來臨的一天而作的禱告，也是為萬物的終局而作的禱告：以「來啊！噢！主啊！審判全地，釋放你的子民」這句作為禱文的開始。那不尋常的是，初期基督徒是對準耶穌而作出「主啊！請來！」這個禱告的。例如，在哥林多前書十六章 22 至 24 節，保羅正向人告別時，說：「主必要來！願主耶穌基督的恩常與你們眾人同在！我在基督耶穌裏的愛與你們眾人同在。」其中除了「主必要來」是用亞蘭文的瑪能拿他外，這句子的所有字詞也是希臘文。這禱告在啟示錄中、新約聖經的最後一節裏（啟二十二 20～21），再次被引用為「主耶穌啊，我願你來！」

所以，從這字詞的使用，並從耶穌及首批門徒的言語之中，我們已見到早在門徒還未到希臘世界工作的時候，亞蘭文 *Mar* 已用在拿撒勒人耶穌身上。這個通常專用在上帝身上的名稱，後來經常以它的希臘文 *kurios* 這形式出現。

這個把耶穌稱作主的稱謂表示：信奉一神論的猶太人，把一個只會用在上帝身上的字詞應用在耶穌身上。這顯示初期基督徒是多麼早便把耶穌視作上帝。哥林多前書十二章 3 節便提及這事。保羅在這裏嘗試處理一件事，就是有人在參與相當活潑的崇拜時叫喊，你怎可以知道他們是被上帝所感動的還是受邪靈所控制的呢？保羅在這裏便引用了那可說是第一條信經的話作為依據：「人若說：『讓耶穌被詛咒吧！』這就是出於邪靈。他們若說：『耶穌是主』，這就是出於上帝。」這採用了同一個觀念，就是承認耶穌是主。在羅馬書十章 9 節，保羅說口裏承認耶穌是主的人，就是那些將會得救的人。

初期信經殘篇

另外一點我想你注意關於前保羅資料的東西，就是我們所稱為初期「詩歌」或信經殘篇——即記下所信的信念之殘留碎片。據我們在第一章所見，使基督教有別於其他宗教，尤其使她在相信一神論的伊斯蘭教及猶太教中獨樹一幟的，其中一個最強的特色就是預先對教義而非對實踐的專注。即使在初期，基督教已有信條及信念的表達。

在保羅書信中有不少「迷你詩歌」（mini-hymns）。在一些段落中，正在書寫散文的保羅似是突然跳到一些有著詩的節奏的東西。這些小片段通常包括一些並非保羅專使用的字詞。它們從其餘的經文中被區分出來，而那假設是：保羅正在引述一些其讀者認識的，並且在初期基督徒崇拜中被採用的一首歌曲、一首詩歌、一篇詩篇或一句短短的信仰表達，以論證他的觀點。

現在，若這個假設得以成立，它就是前保羅資料存在的證據。最佳的例子是腓立比書二章 6 至 11 節。在這封給腓立比教會的書信中，保羅說他們應當彼此尊重、合一及彼此相愛——其實他當時並非試圖要教導他們有關耶穌的事。他接著說：「你們當以基督耶穌的心為心，他……」之後，他以一段更具詩的格式之內容作結；有些譯本把這段經文標示為一首詩。

關於這些「迷你詩歌」，有多少是屬於前保羅時期的，又有多少是屬於保羅的，現時就有很大爭論。但「耶穌是主，這是上帝的榮耀」這一點卻是很清楚的。在過去的兩個千禧年當中，這段經文在教會的禮儀上被大大使用。它顯示出，初期基督徒相信，耶穌的位格比拿撒勒人耶穌這個人更早存在。在神聖的形象中，耶穌被認識，但祂卻倒空自己，取了奴僕的形象，即是人性的形象，甚至死了，但如今上帝把祂高舉為主。祂從上帝那裏降下成人，活過也死過，之後再升天返回上帝那裏。這樣降下之後又再次上升的模式——像英文字“v”或“u”——在聖經的其他部分得到呼應。

腓立比書的基督讚歌

你們當以基督耶穌的心為心：
他本有上帝的形像，
不以自己與上帝同等為強奪的；
反倒虛己，
取了奴僕的形像，
成為人的樣式；
既有人的樣子，就自己卑微，
存心順服，以至於死，
且死在十字架上。
所以，上帝將他升為至高，
又賜給他那超乎萬名之上的名，
叫一切在天上的、地上的，和地底下的，
因耶穌的名無不屈膝，
無不口稱「耶穌基督為主」，
使榮耀歸與父上帝。
（腓立比書二章 5 至 11 節）

在歌羅西書一章，我們在另一首詩歌中找到具同樣影響力的基督論，這詩歌也通常被當作為一份前保羅資料被保存下來的殘篇。再次，保羅當時並非要特別教導信徒有關耶穌位格的事。在此，他正叫人在基督裏感謝上帝，而忽然間他的思緒被牽引到關於這首詩歌或信經資料的記憶裏。

歌羅西書的基督讚歌

愛子是那不能看見之上帝的像，
是首生的，在一切被造的以先。
因為萬有都是靠他造的，無論是天上的，地上的；
能看見的，不能看見的；
或是有位的，主治的，執政的，掌權的；
一概都是藉著他造的，又是為他造的。
他在萬有之先；
萬有也靠他而立。
他也是教會全體之首。
他是元始，是從死裏首先復生的，
使他可以在凡事上居首位。
因為父喜歡叫一切的豐盛在他裏面居住。
既然藉著他在十字架上所流的血成就了和平，
便藉著他叫萬有——無論是地上的、天上的——都與自己和好了。
（歌羅西書一章 15 至 20 節）

在此，我們看見保羅再次運用智慧這個形象，再加上這概念：耶穌如智慧一樣，在創世中與上帝同工，來到人間並且曾經受死，而這個死亡卻是意味深長的，之後祂被高舉、返回到上帝那裏。

所以在耶穌生平與保羅書信之間，我們有很早期的信仰表白。它並非以任何哲學的、神學的或存有論的方式被寫出來，它是初期基督徒崇拜經驗的表白。他們發現他們先祖的上帝，即是亞伯拉罕、以撒及雅各之上帝，已在拿撒勒耶穌在世為人的生平及其教導中向他們顯明，並正如他們的聖經對上帝的智慧所描述的一樣。他們的經驗是這樣的：在耶穌逝世之後，藉著那他們後來稱為上帝的靈（Spirit of God）的，同一位耶穌在他們的崇拜中向他們顯現；他們並非單單敬拜祂為復活的基督，更敬拜祂為一位在祂出生於世間以前已存在的、曾前來住在人類當中的、現在已返回跟上帝同在的基督，並在那裏，祂可以被敬拜為「主」。

保羅

保羅生平概略

保羅其實並沒有在他的書信中提及很多有關他自己的事，那明顯的原因是：他要寫的是關於他對基督的信念。我們不知保羅何時誕生，但他似乎與耶穌同齡或屬於稍為年輕的一代。在公元三十年代中期，我們首次聽到他的名字，那時他已很活躍，而且他明顯曾受過神學訓練，並已參與很多活動，所以當時他很可能至少有三十歲，或差不多三十歲。這表示，他很可能在公元一年或在一世紀首幾年內於小亞細亞的大數（Tarsus）誕生。他來自一個嚴謹的猶太家庭，但他父親是一位羅馬公民。保羅一生——當他不進行他的「宗教」工作時——都是當製帳棚工人的。他有可能是繼承了家族生意，他的父親可能是一位製帳棚者，為那些當時在小亞細亞參與戰役的羅馬佔領軍提供帳棚，這可能就是他父親得享羅馬公民身分這尊榮的原因。所以保羅生下來就是羅馬公民，這對於他後來的人生而言，確實是非常重要的。

與此同時，他在其猶太傳統的薰陶下被培育成長，成為一名法利賽人，並且在一位非常有名的法利賽人及律法教師拉比迦瑪列（Gamaliel）門下受教。保羅形容自己對律法非常熱心。所以，我們有一位學識淵博的人，他深入認識他的猶太人聖經，他也是一位羅馬公民，並且出生及成長於這個小亞細亞的文化交匯點——有操希臘語的人，同時又有操希伯來語的人，也可能有操拉丁語的人。他告訴我們，他正在耶路撒冷學習的時候，被初期基督徒那些關於耶穌的言論激怒，之後他就成了其中一位基督徒的反對者——即一位迫害教會的人。

保羅告訴我們，在公元三十年代中期，他在前往大馬士革的路上經歷了基督，而實際上，那時他正參與逮捕及迫害基督徒領袖的行動。我們將會稍後去看看這事。

隨後有大約十年的日子，我們並不準確知道他作了甚麼事，但他對事情之理解及其信仰均有明顯的成長。在公元四十年代末期，他開始寫信給一些他曾創立的教會。所以我們假設他在之前的十年參與過宣教及建立教會的工作。具體而言，他在他所熟悉的地區、在小亞細亞、在操希臘語的亞洲城市裏，發展事工及建立那些相信耶穌的猶太人及外邦人教會。

從聖經得知的關於保羅的事迹

- 使徒行傳二十一章 39 節：「我本是猶太人，生在基利家的大數……」

- 使徒行傳二十二章27節：「千夫長就來問保羅說：『你告訴我，你是羅馬人嗎？』保羅說：『是。』」
- 使徒行傳二十二章3節：「保羅〔以希伯來語對他們〕說：『我……長在這城裏，在迦瑪列門下……』」
- 使徒行傳二十三章6節：「保羅……在公會中大聲說：『弟兄們，我是法利賽人，也是法利賽人的子孫。』」
- 哥林多前書十五章9節：「我原是使徒中最小的，不配稱為使徒，因為我從前逼迫上帝的教會。」

我們並不準確知道保羅何時及如何逝世：但書信就這樣停了下來。初期教會傳統指出，如很多第二代基督教領袖一樣，保羅很可能在尼錄於公元六十年代所施加的迫害中，死於羅馬。

保羅著作

保羅的重要性是作為多卷書信的作者，而這些書信被納入新約聖經之中，並放在福音書之後，它們是保羅寫給不同教會的書信，而其中有些教會是他在哥林多、加拉太、腓立比——並且在其他如羅馬一樣重要的希臘及羅馬城市——所創立的。

在新約聖經中，有十三卷書信被視為出於保羅之手。在這十三卷書信當中，今日學者通常只接受其中七卷為真正屬於他的著作——羅馬書、哥林多前書、哥林多後書、加拉太書、腓立比書、帖撒羅尼迦前書及腓利門書——另有三卷則通常被視為屬於後期保羅傳統的著作（提摩太前書、提摩太後書及提多書）。就所剩下的三卷書信（以弗所書、歌羅西書及帖撒羅尼迦後書），人們一直爭論不休，它們或許是出於保羅本人，也可以是他其中一個跟隨者或助手以託他的名撰寫的。

閱讀保羅書信的困難是，它似是一段單向的電話對話。當我們正在工作或在火車上的時候，我們所有人也曾對那些談手提電話以致騷擾我們的人感到厭煩。那個傾談吸引著你的注意，可是你只可以聽到單向的對話，而你則要問「若這話是個回答，那麼問題是甚麼？」閱讀保羅書信的情況就正是這樣。在這些書信中並沒有一段內容，是他為了開始撰寫一套系統神學——整個基督教信仰的綱要——而寫出來的。他寫信是為了回應這些教會領袖所寫給他的信，他們在信中詢問保羅「我們在這事或那事上該怎樣做呢？」保羅回覆他們，而且告訴他們，他是何等的顧念他們，並且以他的禱告來安撫他們，之後他便就著他們曾寫給他的事，作解釋探究。所以你經常要自問：「若這話是回答，那麼問題是甚麼？」

加拉太書是保羅其中一卷最早期的書信，其中他以「作使徒的保羅（不是由於人，也不是藉著人，乃是藉著耶穌基督，與叫他從死裏復活的父上帝）和一切與我同在的眾弟兄，寫信給加拉太的各教會」（加一1～2）作為開始。

保羅非常清楚他是由上帝直接差遣的使徒。他繼續表示，他驚訝教會正離開基督的福音，並走向他所形容為偏差的基督福音。當你把整卷書讀一遍，你會開始看到，保羅正主張人不必行割禮——即不必成為一名猶太人，遵守摩西律法——也可成為基督徒。所以若這是回答，那問題就必定是關於一場正在加拉太進行的爭辯，並且是發生在猶太基督徒與外邦基督徒之間的爭辯。猶太基督徒正對外邦基督徒說，他們要受割禮及遵守有關進食的律法：事實上，即外邦人若想成為基督徒，就要成為一個猶太人。保羅正在作出回答，並指出實際上你們根本沒有這個需要。

保羅對耶穌的經驗

在這個處境下，保羅解釋他如何體會他的猶太背景，以及這背景跟基督教之關係。「你們聽見我從前在猶太教中所行的事，怎樣極力逼迫殘害上帝的教會。我又在猶太教中，比我本國許多同歲的人更有長進，為我祖宗的遺傳更加熱心。然而……施恩召我的上帝，既然樂意將他兒子啟示在我心裏，叫我把他傳在外邦人中，我就沒有與屬血氣的人商量，也沒有上耶路撒冷去見那些比我先作使徒的……」(加一13～17)之後他提到在十四年後，他跟彼得就著外邦人是否需要行割禮這事作出爭論。

有關保羅描述他所謂的「歸信經歷」，這段在加拉太書的內容是我們手上最早期的資料。可是，這個「歸信經歷」是一個沒有半點作用的辭彙，因為保羅並沒有歸信：他早已是一位相信上帝的人，就如我們所見的，他被培育成為一個猶太人。如果他的經歷被稱為一個啟示或保羅那具啟示性的經歷，或許會更好。這就是他對自己這個經歷的看法。同一位的上帝及父，即那位他一生所敬拜的對象，向保羅啟示出祂臨在於耶穌這個人中。

在使徒行傳，我們找到保羅歸信這事件一個詳細的版本。使徒行傳可能是由第三卷福音書的作者路加所寫的，內容是關於初期教會最初三十年的事，尤其是那些關於保羅的事。在使徒行傳九章（這事在二十二及二十六章也重述了），我們讀到保羅前往大馬士革，並要以他的睿智去駁斥那些說彌賽亞已來臨的基督徒之教導。他的目的是去逮捕他們，並把他們帶回耶路撒冷及站在祭司面前。他在路上看見一道很強的光，並且墮馬及聽到一把聲音問他說：「掃羅（這是他的希伯來名稱）！掃羅！你為甚麼逼迫我？」他說：「主啊！你是誰？」所得的回覆是：「我就是你所逼迫的耶穌。」這是一個家喻戶曉的故事，它漸漸變成為語言的一部分，並被稱為「大馬士革路上的經歷」（徒九 1 ～ 9）。

另一段保羅提及自己的經文，是哥林多前書十五章 3 節那看見耶穌復活顯現的名單，保羅在其中正談論復活之重要性。這是一段很早期的經文，當中有我之前曾提及的專門辭彙——「我當日所領受又傳給你們的」：換句話說，他是說，這是一個非常早期的傳統，早已成為規條被牢記在人心裏，而他把這傳統傳遞下去。「基督照聖經所說，為我們的罪死了，而且埋葬了；又照聖經所說，第三天復活了，並且顯給磯法看，然後顯給十二使徒看；後來一時顯給五百多弟兄看，其中一大半到如今還在，卻也有已經睡了的。以後顯給雅各看，再顯給眾使徒看，末了也顯給我看；我如同未到產期而生的人一般。我原是使徒中最小的，不配稱為使徒，因為我從前逼迫上帝的教會。然而，我今日成了何等人，是蒙上帝的恩才成的，並且他所賜我的恩不是徒然的。我比眾使徒格外勞苦；這原不是我，乃是上帝的恩與我同在。」

所以，保羅看耶穌在大馬士革路上向他所作的顯現，為一種後復活（post-resurrection）的經歷。

保羅、猶太教及猶太律法

在上一、兩個世紀，人們普遍以今日稱之為信義宗式的經驗（Lutheran experience）的角度來解釋保羅。後來成為宗教改革主要人物的馬丁．路德（Martin Luther），他本是一位羅馬天主教修士。雖然他是一位修士，並且遵守了所有規條，但他被自己的罪惡及罪疚感折磨。他正埋首於羅馬書的註釋工作，而在羅馬書中，保羅解釋上帝如何在耶穌裏把我們從罪惡及過犯中釋放出來。雖然他自幼便是一位基督徒，但突然間，路德首次把這思想應用在自己身上，並以這角度來體會這真理，而這個經驗深深影響著宗教改革運動的思潮。

因為路德對保羅的解釋是舉足輕重的——尤其在過去幾個世紀新教對保羅那改革性的解釋之中；那被建立起來的概念大約認為，路德是重覆著保羅的經歷。你經常會讀到，保羅被培育為一位嚴謹的猶太人，他渴望去侍奉上帝，但卻被罪惡及過犯所轄制。他領悟到律法並不會使他感到滿足，後來便發生這個「歸信」事件。

宗教改革運動

在整個十六世紀，歐洲興起不同的運動，以尋求羅馬天主教內的「改革」（reform），它們希望少一點受到羅馬或教宗的操控，並專注多一點在聖經上。最終不同的「抗議」（protesting）組織在一些領袖如德國的路德及瑞士的加爾文（John Calvin）之帶領下，從教會脱離出來，並開始那後來被稱為「新教」（Protestant）的教會。可惜這時期也是以宗教殺戮及戰爭而聞名的。宗教改革運動在歐洲的發展上帶來好與壞兩方面的巨大衝擊。

問題是：在保羅書信中，他並沒有在任何地方確實説過他不滿當時的猶太教及他以往的生活，或認為猶太教對他沒有幫助。相反，在我剛才引用的經文中，他説：「比我本國許多同歲的人更有長進……」（加一 14）撰寫了數本關於巴勒斯坦猶太教的巨著的桑德（E. P. Sanders）指出，我們必須非常小心，不要按後宗教改革運動（post-Reformation）神學的觀點來理解一世紀巴勒斯坦的猶太教。後宗教改革運動的基督徒經常視守律法為一件壞事，而基督徒要從中得著釋放。桑德對此看法提出警告。他提醒我們，對於昔日與當下的猶太人而言，遵守律法是一件何等喜樂及美好的事。這是上帝所賜的禮物，而並非要從中得著釋放的邪惡東西。

再次，我們可以看看腓立比書三章 4 至 17 節，保羅在這裏描述他與那些跟他爭論的猶太基督徒之間的爭辯。

要提防這些人。他們聲稱他們是良善的猶太人，告訴你們要行割禮。若是別人想他可以靠

> 肉體，我更可以靠著了。我第八天受割禮；我是以色列族、便雅憫支派的人，是希伯來人所生的希伯來人。就律法說，我是法利賽人；就熱心說，我是逼迫教會的；就律法上的義說，我是無可指摘的。

換句話說，他的意思是：「我遵守律法：這是有作用的。」他並沒有說：「我未能遵守律法。」相反，他說：「我是無可指摘的。」但他繼續說：「只是這些所有的東西，我因基督都當作有損的。我當一切也是垃圾」(「垃圾」在希臘文的意思，甚至可解作「糞便」)，「因為認識我主基督耶穌的非凡價值，即是可以得著基督，並且得以在他裏面，不是有自己因律法而得的義，乃是因有信基督而來的義。我希望認識基督及他復活的大能。」

換句話說，保羅並沒有以任何姿態及形式來為他的猶太背景、他的成長及學習而致歉。他說他在基督裏所得著的並非代替品，而是他教養的頂峯。當下，即使他擁有所有資格，但在他眼裏它們算不得甚麼，這是因為他在基督裏發現了非凡的價值。所以，十分重要的是，我們千萬不要把現代基督徒的經驗投射到保羅身上。我們需要看他為一個非常熱心的法利賽人——他發現同一位上帝在耶穌裏跟他說話。

保羅的基督論

保羅教義式理解的衝擊

我們怎樣最能夠欣賞到保羅對耶穌的生平、死亡及復活的重要性——我們稱之為「整個基督事件（Christ event）」——那教義式的理解呢？他明顯很少談論耶穌那實際的人生。他並沒有用很多時間來引述耶穌的言論及教導——事實上，在他所作的一兩次的引述中，他所引的是一些我們在福音書內找不到的言論，這可能頗為有趣。我們認為，在一世紀的地中海沿岸地區，流傳著一些有關耶穌教導的小書，而很多基督徒也可以取到這些小書。保羅其實對引述耶穌的教導，沒有太大興趣，他也沒有視耶穌為一位偉大的道德教師或醫治者。保羅認為這些都是理所當然的。當然他或許會在他的教導中提及所有這些資料，但在他的書信中，他的確把所有時間集中在「基督事件的生平、死亡及復活」，猶如把它看為一個整體事件。對於保羅而言，這是時代的重要樞紐。

你會在希伯來聖經中讀到有關起初創世一事，當時一切也是美好的。同時，你也會讀到亞當和夏娃的故事。亞當的意思是「地土」或「大地」，而夏娃的意思是「生命」——萬物那象徵性的父母。他們拒絕上帝，並且犯罪得罪祂，以致被驅逐出樂園之外（創二～三章）。隨之而來的就是「這個世代」（this age）。它是一個被罪與死亡統轄的世代，其中所有人也同樣拒絕上帝。但整本希伯來聖經也處處載有一些關於那將要來臨的另一個世代之預言。另一個世代有時是指到上帝的國，那時上帝將會把整個宇宙帶回到祂自己裏面。所以，我們有兩個世代——「這個世代」及「那將要來的世代」。

基督作為時代的樞紐

就是照他在基督身上所運行的大能大力，使他從死裏復活，叫他在天上坐在自己的右邊，遠超過一切執政的、掌權的、有能的、主治的，和一切有名的；不但是今世的，連來世的也都超過了。（弗一 20～21）

保羅發現耶穌的重要性，並不在於任何祂所說的話或作的事，而是在於：在祂的生平、死亡及復活中，那將要來的世代闖進了現時的世代，以及在於：耶穌是上帝的代理（agent）。耶穌是一個途徑，使猶太人對那將要來臨的世代的所有盼望及期望——藉著基督的死亡及復活——在當下都得以實現。這是他最重要的主題。

復活的核心性

因此，復活就是核心。在哥林多前書十五章裏，這是明顯可見的。這是一段非常早期的經文，保羅在其中正傳遞著那人所共知的、有關復活後的基督向不同的人顯現之事件。在列出那份見證耶穌顯現的名單後（3～11 節），他接著在 12 至 19 節說，復活是一件絕對關鍵的事件。稍為將他的話意譯，他所說的是這樣：「若沒有復活，我們大部分人也是可憐的。我們所傳的便是枉然，你們所信的也是枉然，而且若我們說上帝叫基督從死裏復活，但祂並沒有，我們就甚至被判為誤傳上帝。若基督並沒有復活，你們的信便是無益的，你們仍在你的罪及死裏。但事實上由於基督已經從死裏復活，一切皆從此而來。」

他把作為第一個人的亞當與作為最後一個人——終末人（*eschatos* man）、即跟終局有關的人——的基督作出對照比較。亞當不順從上帝，基督卻順從上帝。

死亡藉著亞當而來，生命卻從基督而來。罪惡藉著亞當而存在，寬恕卻從基督而來。保羅在其整個神學思想裏建立起這個平行，其中萬物最終都要服在基督之下，而祂又把它們帶到上帝那裏（林前十五 20～57；羅五 12～21）。對保羅而言，這是關鍵的議題。

所以，保羅感興趣的是上帝在耶穌身上所**作**（do）的，多於耶穌的所**是**（is）。他對於耶穌是誰有很深入的了解，這主要並非因為耶穌所作的事，而是因為上帝在祂身上、在祂的死亡及祂的復活上所作的事。

保羅神學的主要結構

在基督論之後，另有三個主題貫穿保羅的神學。神學就是關於你對上帝的理解。保羅並沒有打算從三個簡單步驟來寫出一個他的神學導引。他正在寫信給人，而我們要從中推論出他的神學。

終末向度

首先是我們稱之為終末論——即終局——的主題。對於保羅而言，基督是終末的亞當，即是最後的亞當（希臘文 *eschatos* 的意思是「最後」或「終末」）。保羅的神學有這個終末向度，那就是上帝在基督的拯救工作裏，開展了那將要來臨的世代，但那工作並未圓滿。在許多希伯來聖經的終末資料裏，都有一個觀念，指出上帝會以一個宇宙性的劇變——即是那個帶來審判的主的日子——來終結現時的世代。「世界的終局即將來臨」，這些字句堅持著：世界會被毀滅，並且會被一個新世界及新宇宙所取代。但保羅所談論的是：那將要來的世代跟當下的世代之重疊。事實上，上帝並不想毀滅祂手所作的創造。所以，這世代會終結，但終局後的世代已闖進了當下的世代，而我們就是活在這兩個時期之中。我們存在於這個正在過去的現時世代，與正在來臨的未來世代之重疊部分。所以，在保羅的思想裏，常有這個在「當下」(now) 及「未濟」(not yet) 之間的張力。在此刻，我們早已經歷到終末時期的所有好處，但終局並未得以完全實現。所以總的來說，我們平衡地活在兩個時期之間。

■未來對這個現時世代之影響

讓我們在這方面舉一個例子。在羅馬書十三章，保羅以一些十分基本並關於國家的倫理指引作為開始。考慮到他是於尼祿執政時期寫信給羅馬的基督徒 (雖然這是在大迫害的前夕，但尼祿絕非一個使那些活在他管治下的人感到特別歡愉的統治者)，那麼這個開始就是值得注意的。保羅解釋說，眾人當服從政府的權柄。羅馬書十三章 1 至 7 節這整個段落便是關於對國家的順服。

這是那些活在希特勒 (Adolf Hitler) 管治下的基督徒要努力解決的一段經文；對於反對種族隔離政策的基督徒而言，情況也是一樣：在種族隔離政策時代，前開普敦 (Cape Town) 主教杜圖 (Desmond Tutu) 跟總統德克勒克 (De Klerk) 談論聖經研究時，德克勒克說：「看，在羅馬書十三章這裏說你要順服我：為何你沒有這樣做？」杜圖的回答是，上帝是為了「善行」(good conduct) 而設立人類權柄的 (羅十三 3) ——不是為了恐嚇，像種族隔離政策那樣。

之後在十三章 8 至 10 節，保羅提出其他的倫理指引，那是關於除了彼此相愛以外，不要欠人任何東西，因為愛人的人就已滿足了律法的要求。隨後保羅引述了十誡中的幾條：不可姦淫、不可偷竊、不可貪婪——他說，它們都總結在「愛鄰舍如同愛自己」的誡命裏。他說，愛是律法的成全。

接著，他突然從基本的指引轉去說：「再者，你們曉得現今就是該趁早睡醒的時候；因為我們得救，現今比初信的時候更近了。黑夜已深，白晝將近；我們就當脱去暗昧的行為，帶上光明的兵器。」(羅十三 11 ～ 12) 換句話說，即使那些他所提出的關於順服國家及繳納税款等基本及當代的倫理指引得以被鼓吹，也是因為我們活在時代之間。這並非單單為要在當下作一個良好的道德教師。即使這樣，那些基本的道德教導也是被保羅的信念——即萬物的終局臨到我們、它正在發生、並在當下正闖進來——所驅使的。這就是為何你當從基本開始，如繳納你的税款及遵守律法去行事，直到彼此相愛的地步——因為終局正在闖進來。

■救恩的三個時態

我們可以談論有關保羅那救恩觀念的三個時態——過去、現在及未來。從保羅的角度而言，你可以說：「我已得救，因為基督已死在十架上；我正在被拯救，我處於被領進上帝的國的過程中；我將會在萬物的終局中得救，到那時上帝的國最終在基督裏得以圓滿。」再次，我們見到這個重疊的終末論。對於保羅而言，耶穌的生平、死亡及復活，讓那將要來的世代闖進了現時的世代。

藉著基督的死在祂裏面有分

保羅清楚基督那獻祭性的死亡（sacrificial death）。在哥林多前書十五章，又是那一段我們早前曾看過關於復活的經文，他說：「基督為我們的罪而死。」獻祭的觀念是猶太人信念的核心，你可以取一隻無瑕疵的動物，把它獻為祭物，或把它交給在聖殿裏的祭司代你獻它為祭。此舉猶如表示，那動物為你的罪付上代價。你違反了律法，你的血便應當為此流出，但上帝給你提供一條出路。上帝給你獻祭這禮儀並且接受動物的血，以致你可得到由動物所給出的清白無罪。在這方面，羔羊是特別重要的動物，而我們也經常在新約聖經中碰到耶穌作為上帝的羔羊這個觀念。

舊約及新約聖經中的獻祭

- 逾越節獻祭：出十二 23～27；可十四 12。
- 其他獻祭：利三 1～11；民七 17；王上八 5、62～64。
- 耶穌作為祭：羅三 25；來十 11～12；約壹二 2。
- 耶穌作為獻祭的羔羊：啟五 6～10。

在保羅的思想中，正如他看整個律法在基督的生平裏被歸納起來一樣，他也看整個聖殿、祭禮及獻祭體制，在基督於十架上的死亡裏被歸納起來。釘十架這事就像上帝的羔羊被宰殺。它被看為一趟交換：祂擔當我們的罪，祂賜我們祂的生命。

從奴役中得贖

豈不曉得你們獻上自己作奴僕，順從誰，就作誰的奴僕嗎？或作罪的奴僕，以至於死；或作順命的奴僕，以至成義……但現今，你們既從罪裏得了釋放，作了上帝的奴僕，就有成聖的果子，那結局就是永生。（羅六16、22）

瀏覽過這些資料後，我們也發現那幅基督把我們贖回的圖畫。保羅運用了一幅奴隸的圖畫——那奴隸原屬於主人，但有人前來買下那奴隸，並在之後把他釋放了。這就是基督所作的：當我們被奴役於罪中，祂來到我們那裏；祂付了我們付不起的贖價，並且釋放我們。這也是一個十分重要的方式，來了解那在保羅思想中的基督。但要緊記的是，這些都只不過是圖畫或隱喻——獻祭與贖回——為了表達基督藉著祂的死，而使我們獲得的實在（reality）。

作為基督身體的基督徒社羣

對於保羅而言，真正重要的概念是在之後發生的事，那就是在基督裏的新生命。因著祂的犧牲，我們不單可以有分於祂的死，也有分於祂的新生命。這是一個我們稱之為效忠與身分的轉移（a shift of allegiance and status）。在羅馬書的中間部分，即五至八章，我們讀到一段關於保羅在這個有分（participation）及團結（solidarity）的神學的清晰陳述。猶太人聖經有「在亞伯拉罕裏」或「在以色列裏」的觀念，其中以色列是指到一個人，也指到一羣百姓。保羅把這觀念取了過來，並且用來指出兩類人：那些「在亞當裏」的人及那些「在基督裏」的人。藉著亞當及夏娃而來的就是舊人，而在基督裏的就是新人。保羅說，所有人都在亞當裏有分，所有人都分擔著亞當的罪。所有人都已拒絕上帝，如亞當所作的一樣。所有人也將會死，如亞當一樣。

然而，在基督裏會出現由上帝所造的新人。基督並沒有犯罪，祂順服上帝。由於基督死了，我們所有人也跟祂一同死了，而由於基督得著復活的生命，我們也在祂裏面得著復活的生命。所以，我們當在此刻開始，活像已身處那將要來臨的世代一樣。我們已向罪死了，所以我們不可活在其中。所以，保羅在哥林多後書五章17節說：「若有人在基督裏，他就是新造的人……」整個創造早已被基督的生、死亡及復活所更新了，而人可以選擇從作為在亞當裏的舊人轉移出來，成為在基督裏的新人。

我們在這裏可以看見世代的重疊。保羅在某處曾說：「那些在基督耶穌裏的就不定罪了：你們現在是自由的。」（參羅八1～2）他之後又說：「猶如真實般生活，把它活出來。不要容罪在你生命中作王。」（參羅六2、12）換句話說，他是指在存有論上、神學上及終末上，你們已跟上帝一同在至高的天上作王了。雖然實際上你們仍是在世活著，仍在肉體之中，仍會出錯，仍會犯罪，但你們應當開始生活：猶如那神學性的實在就是現時的實在一樣。若你們在基督裏已向罪死了，你們當下就必須活出那新的生命。

當人接受洗禮，他們被淹沒在水中，保羅認為，他們死了及有分於基督在十架上的死亡（羅六 1～11）。當他們從洗禮的水中上來時，他們就有分於復活的新生命。這是為何他可以得出在基督裏有新的創造這個不可思議的觀念。在哥林多後書五章 17 至 19 節，他說：「若有人在基督裏，他就是新造的人，舊事已過，都變成新的了。一切都是出於上帝；他藉著基督使我們與他和好……這就是上帝在基督裏，叫世人與自己和好……」所以，這是一個全新的世代。

基督徒社羣因此就是一個團體，一個身體。他採用「基督的身體」這形象，並表示所有個別基督徒一同組合成基督的身體，而基督就是這個身體的頭。所以，受洗歸入基督的，就是成為祂在地上這身體的一部分，而這身體在優先次序上是先於所有人倫關係及效忠對象等等（林前十二 12～13）。

■打破障礙

基督耶穌裏成為一

所以，你們因信基督耶穌都是上帝的兒子。你們受洗歸入基督的都是披戴基督了。並不分猶太人、希臘人，自主的、為奴的，或男或女，因為你們在基督耶穌裏都成為一了。（加三 26～28）

在這非凡的一篇中，並於保羅非常早期的神學裏，這來自加拉太書三章 26 至 28 節的句子正壓倒了一世紀的社會分歧——男女之間明顯有著巨大而重要的分歧：只有男人才可以作羅馬公民，只有男人才可作希臘公民，一個猶太人的祈禱是這樣：「感謝主，宇宙的上帝，你沒有將我造成一個女人。」保羅現在說：「在基督裏再沒有男或女。」同樣地，奴隸與自由人之分別，在任何關於古代世界的社會學理解中，也是一個非常重要的核心觀念。奴隸可以被買賣，只有自由人可以作公民。保羅現在說：「再沒有奴隸或自由人。」當然，保羅本身身為猶太人，耶穌身為猶太人，而所有初期基督徒也是猶太人，保羅致力要處理的分歧，就是到底那些來自猶太社羣以外的信徒，是否需要行割禮並遵守猶太人律法，以致成為基督徒呢？他說：「你們不再是猶太人或希臘人，你們在基督裏成為一。」

我們要承認，在過去二百多年來，基督教會有分於迫害奴隸、婦女及猶太人，並且沒有把這個打破分歧的洞見實踐出來。但保羅在他的神學裏所說的是，這羣基督已買贖回來的新人類，超越一切的分歧。在某層面——例如在神學上——而言，這是真實的，但它需要實踐出來，但它已花了我們很多時間來理解這一點。

保羅書信處處顯示出，他有這個壓倒性的關懷：就是為了在基督裏的合一。他寫信給哥林多教會，提及他聽聞他們當中有很多派別彼此爭論，有些人說「我是屬保羅的」、「我是屬彼得的」，另外的人說「我是屬亞波羅的」。保羅說：「不！你們所有人是在基督裏成為一的。」（參林前一 10～31）之後，在哥林多前書十二章，他再次用一個身體的形象。他談論腳、眼、手及耳，並指出，若你們都是腳，從哪處聽聲音呢？你們都是基督的個別肢體，也就是身體，擁有很多不同的恩賜及很多不同的形態，但你們都有分於長大成基督，祂是這身體的頭（林前十二 12～27）。

宇宙性基督

從正確的字詞上說，保羅對耶穌的理解是宇宙性的（cosmic）。在這位只比他年長幾歲，曾在不久之前活過及死過、被他所迫害過的歷史人物身上，保羅看到以色列人所有盼望被歸納起來。不單如此，保羅說身為人的耶穌，其實也是那位先於時間而存在的上帝的基督。祂來自上帝那裏，在意義上這等於猶太人對智慧的觀念。祂活過了人的生命，也嘗受了人的死亡，而且復活成為新的生命。在那些平凡不過的人類生活事件中，上帝帶來了一個把宇宙也翻轉過來的更新。

5 新約聖經的耶穌觀

至今我們見到，耶穌的生平與死亡，並之後所發生的所有事，皆是重要的催化劑，促使祂早期的跟隨者寫下新約聖經中的書信。四卷福音書及保羅書信（保羅寫了新約聖經餘下的大部分內容），均以它們不同的方式把耶穌放在著作的核心。若把它們放在一起看，可顯示出關於耶穌本人及祂生平所帶來的衝擊一些互相補充的洞見。

在這最後一章關於新約聖經的耶穌觀，我們需要看看，到底保羅是否認為耶穌就是上帝，而且也會看看新約聖經其他書卷的其他觀點。「關於耶穌本人對自我的理解，我們可以知道甚麼？耶穌認為祂自己是上帝麼？」這些問題也同樣具有啟發性。

保羅認為耶穌是上帝麼？

保羅沒有任何理由不再作猶太人，也沒有任何理由不作再作一神論者。正如我們在第一章所見，一神論必然是基督徒與其他一神信仰——如伊斯蘭教及猶太教——之間的主要爭論。在一神論的架構下，只有一位上帝，惟獨上帝，所以基督教的三一概念不是被視為不可理喻，便是被視為褻瀆性的。

在這情況下，令人感到希奇的是，保羅對耶穌的理解是何等龐大：他斷言上帝所有的應許也在耶穌身上實現，祂已從上帝那裏來到，也已返回上帝那裏，萬物亦將要服在祂的腳下。上帝在耶穌裏實現了祂對以色列的應許，以及開展了那將要來臨的新世代。

然而有趣的是，保羅謹慎地使用「上帝」(God)一字來描述耶穌。他一直採用「主」(Lord)這字，而且他也把那些將上帝說成是主的舊約聖經經文，欣然地應用在耶穌身上。例如在腓立比書二章11節，他說「無不口稱『耶穌基督為主』」，這是把以賽亞書四十五章23節那段論到上帝的經文，應用在耶穌身上。所以，保羅實際上是把耶穌放在跟上帝同等的層次上，但同時卻又只有兩至三節經文顯示出，他確實稱耶穌為「上帝」。

其中一節是羅馬書九章5節，但這裏的標點符號使經文的真正意思具有爭議性。保羅在該段經文提到，他為那些不信耶穌的猶太人同胞感到憂傷及痛苦。他說：「為我弟兄，我骨肉之親，就是自己被咒詛，與基督分離，我也願意。」——只要他們願意來到基督那裏。他繼續說：「他們是以色列人；那兒子的名分、榮耀、諸約、律法、禮儀、應許都是他們的。」接著說：「列祖就是他們的祖宗，按肉體說，基督也是從他們出來的。他是在萬有之上，永遠可稱頌的上帝。」有關如何為這句子加上標點符號的爭論，是在於到底保羅要把基督說成是「永遠可稱頌的上帝」，還是有關以色列後裔的句子是在「基督也是從他們出來的，他是在萬有之上」就結束了，最後以「永遠可稱頌的上帝」這首讚美上帝的讚歌作結。〔譯按：後者的中文翻譯可以是「列祖就是他們的祖宗，按肉體說，基督也是從他們出來的，他是在萬有之上。上帝是永遠可稱頌的。」〕學者喜愛這樣的爭論，鑒於在聖經的原稿上根本沒有標點符號！保羅有可能在這裏稱耶穌為「上帝」——但這是在衷心流露讚美的背景之下所作出的稱呼。

另外兩處經文是帖撒羅尼迦後書一章 12 節及歌羅西書二章 2 節，其中保羅把耶穌描述為上帝。但一般而言，他似乎是談論關於上帝作為我們主耶穌基督的父，而耶穌基督作為主：他清楚地把耶穌高舉至上帝的地位，但不知怎的，保羅似乎仍是區別父上帝為有別於耶穌的那一位。

上帝差祂兒子的這個觀念，是保羅對父上帝與耶穌兩者的關係其中一個喜歡的描述。在加拉太書四章 4 至 6 節、羅馬書八章 3 節及腓立比書二章 5 至 11 節，這說明得尤其清楚，但它其實是一條貫穿保羅思想的思路。在上一章，我們看過在腓立比書二章那首短短的詩歌，它提及耶穌雖與上帝同等，卻不把自己與上帝同等這事視作為一些要強奪的東西，反倒自己謙卑，取了人的樣式並且經歷了人的死亡。所以保羅視耶穌為上帝的兒子，被上帝所差遣，正如在希伯來聖經上所預告那關於上帝差派智慧的預言一樣。

「主」是保羅喜歡用來描述耶穌的字：他在他的書

信中使用這字約有二百五十次。當然，一般而言，聖經的猶太人讀者只會用「主」一字指向上帝。但保羅欣然地在耶穌身上使用「主」這字，而且他也有約十七次使用「上帝的兒子」這片語。

上帝的兒女

因為凡被上帝的靈引導的，都是上帝的兒子。你們所受的，不是奴僕的心，仍舊害怕；所受的，乃是兒子的心，因此我們呼叫：「阿爸！父！」聖靈與我們的心同證我們是上帝的兒女；既是兒女，便是後嗣，就是上帝的後嗣，和基督同作後嗣。（羅八14～17）

除此之外，保羅也描述到，作為上帝兒子的耶穌，祂帶領人類進入成為「上帝的兒女」這關係的方式（羅八 14～17）。他所採用的觀念是：人類不能達至成為上帝的兒女的目標，反而由始至終在歷史裏都向上帝說「不！」但基督是那位上帝完全的兒子，他帶領所有人類有分於成為上帝的兒女。他也採用其他出於希伯來聖經的偉大形象來形容耶穌，例如耶穌是最後的亞當（相對於第一個亞當而言），以及我們曾提及過的，耶穌是上帝的智慧，或耶穌是救主。

所以即使保羅謹慎地使用「上帝」一字來描述耶穌，但在他整個思想中，所清楚看見的卻是耶穌發揮著好像上帝的角色。耶穌作上帝所作的一切事。首先，耶穌在創世中參與，祂在救贖中參與，祂在萬物的結局上也參與。

在之後的幾章，我們將會看見「功能」(function)與「存有」(being)之分別，如何在希臘哲學世界中表明出來——耶穌所作的事及耶穌是誰。希伯來思想是十分功能性的，它在文字的表達上很多時候涉及動詞及行動，它想知道事物之所**作**(does)；希臘思想則是十分存有論式的，對事物之存有有很大的興趣，而且它想知道事物之所**是**(is)。一旦你在讀新約聖經時考慮到新約聖經的希臘背景，你就會很快進到二、三及四世紀的爭論之中，即進到希臘哲學關於存有的討論之中，而這會引導我們來到所有產生出三一及道成肉身這些經典教義的爭論。

但保羅卻以一個較為功能性的方式來思考，並沒有提出「你認為耶穌到底是誰？祂跟上帝的關係是甚麼？」這些問題。保羅所說的是耶穌像上帝一樣行事。保羅的基督論或許最好以「上帝在基督裏，叫世人與自己和好」(林後五19)這短語來總結。在基督裏，上帝是主動的，而在耶穌這位格裏，上帝在我們中間行動，以把我們帶到祂那裏去。

後期保羅書信：教牧書信

這些書信——有兩卷是寫給一位稱為提摩太的人，另一卷則是寫給一位稱為提多的人——可能是保羅晚年所寫的，也可能是他其中一位書記或助手所寫的。它們似乎假設著一個比保羅於宣教時期所寫的書信較為後期的情況：當下教會似乎進一步穩定下來，而所謂「教牧」(pastoral)書信，就是關注到如何成為一位教牧，以及如何照管上帝的教會。

提摩太前書、提摩太後書

提摩太的背景

提摩太來自亞細亞的路司得。他在保羅宣教旅程中成為保羅的同伴（見徒十六1～3，十七14，十八5，二十4）。在保羅書信的開首問安（林後一1；腓一1）或結尾祝福（羅十六21）中，提摩太與保羅經常被關連起來。他也作過保羅的特使（林前四17）。

這裏同樣清楚顯示出，「基督耶穌降世，為要拯救罪人。」（提前一15）在提摩太前書二章5至6節，我們再次讀到這同一個觀念：「因為只有一位上帝，在上帝和人中間，只有一位中保，乃是降世為人的基督耶穌；他捨自己作萬人的贖價……」在之後一段經文的結尾部分，出現了另一段屬於同類體裁的原始詩句——我們曾在上一章見過它，它可能是早期詩歌或信經的一部分：

> 就是上帝在肉身顯現，被聖靈稱義，
> 被天使看見，被傳於外邦，
> 被世人信服，
> 被接在榮耀裏。
> （提前三16）

我們再次見到「降下／上升」的主題——耶穌來自上帝那裏，取了人的樣式，活在我們當中，之後返回上帝那裏。

提多書

這是一卷為了關心克里特（Crete）教會而寫的教牧書信，內容包含關於教會領袖及監督所需要具備的質素的教導（多一章）、教會內不同羣體之行為舉止（二章），以及在這世界中合宜的表現（三章）。

提多

提多是保羅在他部分旅程上的另一名同伴（參加二1～3），他也作過特使（林後七6～14，八6～17），而且他被形容為「同伴及同工」（八23）。

在這封給提多的書信中，耶穌確實被描述成上帝本身及救主——「至大的上帝和我們救主耶穌基督的榮耀」（多二13）。所以，這些較後期的書信均採納及延續相同的保羅觀念，就是上帝在基督裏，而基督來到世間為要拯救罪人。

新約聖經的其餘部分

希伯來書

我們不知道誰寫了這封長長的書信。它較似一篇講章或論文，但它明顯是寫給希伯來基督徒的，即那些相信基督是彌賽亞的猶太人。書信中處處充滿了那些出於希伯來聖經的預言，為要指出耶穌如何實現希伯來的思想及盼望。

希伯來書

雖然有些初期教會教父認為，這書是出於保羅之手，但在風格上卻跟保羅非常不同，書中也沒有提及作者的名字。這書信較多描述在聖殿——這聖殿於公元七十年被毀——內的祭祀活動，並且述說耶穌如何超越這一切。

而中心的觀念是「天上的大祭司」，它借用了大祭司及聖殿中祭祀的形象，以說出所有這些舊約聖經的圖畫也同樣實現在耶穌身上。希伯來書始於它那個以基督論為中心的觀點，就是指到耶穌是上帝的兒子，萬物藉著祂而被創造出來。「上帝既在古時藉著眾先知多次多方地曉諭列祖，就在這末世藉著他兒子曉諭我們；又早已立他為承受萬有的，也曾藉著他創造諸世界。他是上帝榮耀所發的光輝，是上帝本體的真像，常用他權能的命令托住萬有。」(來一 1～3) 這就是說，同一位上帝，祂曾藉著先知作出吩咐，當下在耶穌身上已極致地把自己彰顯出來。上帝所是的，就是耶穌的所是。

作者同時一直區分著耶穌與上帝。耶穌超越眾天使。作者有時傾向使用「使者」及「大祭司」來描述耶穌。「你們應當思想我們所認為使者、為大祭司的耶穌。他為那設立他的盡忠，如同摩西在上帝的全家盡忠一樣。」(來三 1) 由四章一直至十章，作者都發展著「耶穌是永遠的大祭司」這個概念。在這裏，他從所有談論關於大祭司的摩西著作中抽取祭司的形象，而且他說所有大祭司昔日的所是，就是當下耶穌之所是。耶穌已進到天上的聖殿，獻上終極的祭物（八～十章）。

作者同時指出，耶穌是那犧牲者，是所獻上的祭物。大祭司進到至聖所並使用祭牲的血，而耶穌所作的卻是以祂自己的血來到上帝面前（來九 11～十 25）。在這裏，我們在耶穌身上看到祭司與祭物兩者之特別結合——獻祭的大祭司，同時也是那隻被殺的祭牲。

伴隨著這非常「高階」的耶穌觀的，是關於耶穌進入我們的世界來經歷一切這個「低階」的觀念：有分於我們的人性、試探（「如我們一樣受試探」；來二 14～18，四 14～16）及軟弱（二章）。所以耶穌既是拯救的創始人，也是人學效的榜樣（二 10，五 7～9）。這書信以「耶穌基督昨日、今日、一直到永遠，是一樣的」（十三 8）作結。

在很多方面，希伯來書作者所作的，跟保羅所作的沒有兩樣，就是說上帝過往為猶太人所作的所有事，現在都在耶穌裏成真了。但同時，希伯來書作者所說的跟保羅有點不同，因為他是寫給一個不同的羣體。保羅是寫給他那些早期的歸信者，他們當中有猶太人也有希臘人，而他使用一套這羣體所能明白的論證。希伯來書作者則使用所有**猶太**基督徒能夠明白的概念：他聲稱他們自小所知一切關於祭牲及祭司的知識，都在基督裏被歸納起來。這觀念並未在這階段裏有系統地表達出來：這在幾個世紀後才發生，而我們將會在之後幾章裏再提出來探討。然而，每位作者也有「耶穌處於中心」這觀念，而他們以不同方式對著不同的受眾把這觀念應用出來。

雅各書

這是一卷很簡短的書信，包含了很多關於倫理及人應有的生活方式的實踐性指引。它實際上完全沒有包含教義性的神學；取而代之的是，雅各提出那些關於在實踐上真實活出信仰的指引，而非單單就所相信的事作指引：如探訪孤兒寡婦，照顧貧窮人，不偏袒富有者等這類事情。他附和著關於倫理及以實際方式活出信仰的傳統猶太教訓。

雅各

他可能是耶穌的胞弟（可六 3），是耶路撒冷教會的領袖（徒十五 13；加一 19，二 9）。

這書信並沒有一個非常明確關於基督的神學，因為它並沒有打算這樣做。這裏的基督論是隱含的：那些倫理指引是基於對耶穌作為一位教師的此一理解，而祂在一章 1 節及二章 1 節被描述成是「主耶穌基督」。雅各論到那些在聚會中給富有者坐上位的人：「當你偏袒的時候，你真的認為這是信奉榮耀的主耶穌基督的人所作的事麼？」在三章 9 節那「頌讚那為主、為父的」這句中，雅各把耶穌作為主，跟上帝並列。雖然他在書面上並沒有一個經整理的基督論，但雅各一直稱耶穌為主，所以他也有著那我們在保羅書信及希伯來書中所見的同一觀念。

猶大書

猶大

「雅各的弟兄」（猶 1），傳統上認為他是耶穌另一位胞弟（見可六 3）。

除了保羅書信之外，其餘所有在新約聖經正典內的書信也是頗簡短的。猶大書是最短的一卷，它充滿猶太的觀念。然而像保羅一樣，作者對稱耶穌為「主」並沒有猶疑。在1節，他說他是寫給「那被召、在父上帝裏蒙愛、為耶穌基督保守的人」。他在4節談論到「獨一的主宰——我們主耶穌基督」。之後有很多關於假天使及假教師的內容，並且關於將會在審判日發生的事。在這裏，我們發現一個觀念，就是他所有說到關於天使長米迦勒的話，都在耶穌裏歸納起來。猶大在20至21節中勸勉他的讀者，當中有一個早期的三一觀念：「你們卻要在至聖的真道上造就自己，在聖靈裏禱告，保守自己常在上帝的愛中，仰望我們主耶穌基督的憐憫，直到永生。」當他收筆的時候，他以一句讚美詞作結：「願榮耀、威嚴、能力、權柄，因我們的主耶穌基督歸與他，從萬古以前並現今，直到永永遠遠。阿們！」（25節）所以在這裏我們再次有一個平衡：一方面顯示出上帝與耶穌之分別；另一方面也指出，事實上我們一切所知關於上帝的事都是經由耶穌而來的。

彼得書信

彼得

作者在彼得前書一章1節自稱為「耶穌基督的使徒彼得」。這書信若不是由使徒彼得本人在公元六十年代所寫，便是由他的一位同伴在較後時期所寫；他對教會領袖之關注（五1）跟使徒的職事相稱。

彼得寫給一羣被迫害的基督徒，跟他們談論有關在這處境下的教會組織，以及他們可以如何應付苦難與痛苦。再次地，當他談論到耶穌的時候，他清楚地把耶穌描述為基督和主。但彼得也想提出，耶穌與他們的處境是相關的。所以在彼得前書二章 21 至 25 節，他談論有關耶穌作為一位受苦的僕人。正如我們在上一章曾見過的，保羅說在基督裏不再有奴隸或自由人，但很多早期的基督徒也是奴隸，而且正受著他們的異教徒主人那可怕的虐待。所以，彼得在彼得前書二章 18 節說：「你們作僕人的，凡事要存敬畏的心順服主人……」而他的理由來自 21 至 25 節：「你們蒙召原是為此；因基督也為你們受過苦，給你們留下榜樣，叫你們跟隨他的腳蹤行。他並沒有犯罪，口裏也沒有詭詐。他被罵不還口；受害不說威嚇的話，只將自己交託那按公義審判人的主。他被掛在木頭上，親身擔當了我們的罪，使我們既然在罪上死，就得以在義上活。因他受的鞭傷，你們便得了醫治。你們從前好像迷路的羊，如今卻歸到你們靈魂的牧人監督了。」當耶穌在二章 4 至 6 節被描述為新聖殿的房角石時，一個新的觀念便發展出來。彼得在三章 15 節稱耶穌為主（「尊主基督為聖」），在四章則談論關於祂如何在肉身受苦（四 1），並最後在書信的末段指祂是「牧長」（五 4）。彼得後書以「那因我們的上帝和救主耶穌基督之義，與我們同得一樣寶貴信心的人」為開始，而耶穌恆常一貫地被描述為「主」，正如「主及救主」這稱呼一樣（彼後一 11，二 20，三 2）。

件匪夷所思的事，而幻影派的觀念就是從此而出的。從希臘哲學的觀點來看，上帝成為人這個觀念是不可接受的，所以有人開始主張，耶穌並非真的是人。耶穌只是來自上帝的幻影，祂來到我們中間的時候就顯為人。同樣，他們聲稱耶穌並沒有死去，他只不過呈現出死的狀態。約翰這些書信所強調的是，耶穌既是人也是主及基督，而基督徒承認他是「在肉身中」來到，這觀念是絕對關鍵的。這是一個延續至二及三世紀的爭論，因為初期基督徒爭論耶穌是如何可以既是上帝又是人。對於今日而言，好些基督徒熱中於執著基督的神性，但他們未曾真正領會祂的人性特質；上述的爭論在今天仍是具有意義的。

約翰的啟示錄

啟示錄

此書的作者也稱為約翰（啟一1、4、9，二十二8），他跟其餘的約翰傳統可能有些關聯。他通常被稱為神聖的聖約翰（St John the Divine），以把他與約翰福音及約翰書信的作者區分開來。此書可能是公元九十年代中期，在羅馬皇帝多米田（Domitian）的迫害時期於小亞細亞（西土耳其）寫成的。

啟示錄，一本塗上閃耀華麗色彩的特別書卷，它是一本終末論的著作——即一本關於末時（希臘文為*eschaton*）的書。它也屬於我們稱為「天啟文學」的文學類別；「天啟文學」意指出，那面紗被除去，而真相

約翰書信

約翰

這約翰有時被認為是第四卷福音書的作者使徒約翰，因為這些書信跟那卷福音書，在語言及用字方面有相似之處。可是，這些書信出於迥然不同的處境，而且也可能是較後期才成書的。作者自稱為「長老」（約貳1；約叁1），所以他最好被視為一位遵循約翰傳統的教會領袖。

這是三卷非常短的書信，它們在人們爭議耶穌之重要性的處境下成書。這裏的爭論明顯不是關於稱耶穌為上帝、主或基督是甚麼意思，因為這被視為理所當然的事（例如參約壹四 13～15；約貳 3、9）。取而代之，在這些書信中的問題是，耶穌在多大程度上具有人性。書信顯示出，在這些教會中有一個痛苦的爭辯，就是關於哪個羣體才擁有正確的耶穌觀念——哪個是錯的？約翰在約翰壹書四章 2 節提議應有的測試：我們怎知道人是否正在提出那從上帝而來的預言呢？「凡靈認耶穌基督是成了肉身來的，就是出於上帝的；從此你們可以認出上帝的靈來。凡靈不認耶穌，就不是出於上帝」。換句話説，確認耶穌「作為一個人來到我們當中」，這是關鍵之所在。約翰貳書 7 節也有類似意思：「因為世上有許多迷惑人的出來，他們不認耶穌基督是成了肉身來的；這就是那迷惑人、敵基督的。」他在這裏指到一個在二世紀、一般被稱為被稱為幻影派（docetics）的羣體。

在希臘思想中，「上帝真的會觸摸物質」，這是一就顯示出來。它特別是寫給那些為他們的信仰受苦，甚至到了被殺害的地步之人的。約翰鼓勵他們從地上的向度往上望，看見上帝其實仍在掌權。他們現時所受的迫害，乃是他們在萬物的終局前所當預料到的事，而在終局的時候，上帝——不是羅馬政府或其他殘暴的政權——將會得勝。榮耀的基督是這終局異象之中心。

這書以作者看見身穿長袍的人子的這個異象為開始。人子的長髮如雪一般的白，祂的聲音如大水洶湧：一個關於復活、升天及得榮耀的基督那非凡的異象（啟一 12～18）。在整本書內，耶穌七次被描述為基督，通常被描述為「主」（二十三次），然而最多時候被使用的稱呼是「羔羊」，共有二十八次之多。書中也有很多血在流動，最多的是被殺害的羔羊的血。祂在最後也浸在自己的血中（十九 13）。當人正受苦及流出他們的血時，他們所作的是分擔了基督的受苦——祂為我們流出祂的血。

同樣，正如我們在希伯來書所見的，耶穌是在猶太處境下被視為既是大祭司又是犧牲者，所以在這裏，作者也是一位熟悉先知及天啟傳統的猶太基督徒。他表達一個觀念，就是耶穌像很多其他人一樣是一位殉道者，是一位被殺害者，然而祂也是萬有的主宰。「世上的國成了我主和主基督的國……」（啟十一 15）在十九章，我們讀到上帝與邪惡之間的最後戰爭，在那裏基督——也就是上帝的道——騎著一匹白馬。這時你會聽到偉大的韓德爾（G. F. Handel）合唱曲的歌詞：「哈利路亞，因為全能上主掌權，祂是萬王之王，萬主之主」——這是對耶穌作為萬王之王及萬主之主的描述（十九 6、16）。祂策馬而出並擊敗祂的仇敵，因為邪惡最終會被摧毀（二十章）。之後有一個新天新地，而上帝的子民就是基督的新婦（二十一及二十二章）。最後，約翰看見一個在天上的城，即是新耶路撒冷。這是一個關於萬物終局那非凡的異象，而在異象中，關鍵的是耶穌的形象：祂是使這異象成為可能的那一位，並且是戰勝一切的那一位，是那位迎娶上帝子民這新婦的新郎（十九9，二十一2、9）。這幅豐富難以置信的圖畫，雖然在用語上跟其他新約聖經書卷有很大分別，但它再次說出：上帝在基督裏使我們所有的盼望、所有的夢想，都得以成真。基督藉著祂的死改變這世界，祂流出血來——使那個與上帝同在的生命之新世代成為可能。

新約聖經縱覽

在這本作為一個整體的新約聖經中，我們有著各式各樣的耶穌形象。我們曾看過關於歷史性的耶穌本人——祂的生平及職事——的證據，我們曾見過祂那四個福音書的圖畫，如何使我們獲得同一個基本故事那四個不同的描繪。保羅以一個非常豐富的方式，處理整個耶穌的生平、死亡及復活事件的意義，這是他所提出的主旨。之後，我們也見過在新約聖經所有其他書卷中那簡短的速寫及小片段，當中大部分也不是特別關於耶穌的位格，但祂是主，既是人也是上帝，而且也是父上帝的兒子，這些都被視之為理所當然。新約聖經在啟示錄那令人驚歎的宇宙性異象中，終極地達至高峯。

耶穌的自我理解

最後，我們是否可能從福音書得知耶穌對真正關於祂自己的事的理解呢？這當然是一個十分複雜的問題。若我問你「你父親對你生命有何影響？」你會立時察覺，一些他對你的影響是明顯可見的，因而你會去談論它。但另外有些影響，除了你的好友之外，你是不會向人提及的。而整體上有更多的影響是你並未察覺的。雖然很多時候你不會對比談論得太多，但當熟悉你的人見過你父親後，他們就經常有興趣以一個著眼於你某些性格的新角度來看你。當我們談論耶穌的自我理解時，我們的焦點是「耶穌認為祂是上帝麼？」耶穌確實說過很多關於祂的父、並祂與父關係的事。祂有些話的意思是隱含的，而在某程度上我們要讀出經文的言外之意，但我們在這方面也有一些好的指引。同樣，從耶穌的舉止及態度，我們也隱含地看見父的性情。

大部分學者對歷史性的耶穌的解釋，也注意到一種我所認為是祂「揶揄權柄」（teasing authority）的感覺。祂很多時候使用「人子」這間接性詞彙來指向祂自己。這是一個含有關於身為一個終極人類或身為人類代表的意思之稱號。耶穌本人似是對如「主」、「基督」及「上帝之子」的語言有所避諱，或許是因著它們可能具有政治領導上的軍事含義，即表示帶領反對羅馬的羣眾等等。這種回避的最佳例子在馬可福音八章 29 節，我們在其中讀到彼得的認信。彼得踏出奠定性的一步並確認耶穌為基督，而耶穌的回應表示彼得說得對。然而在緊接著的經文裏，耶穌返回人羣中，談論「人子」要上耶路撒冷受苦及受死，而經文清楚顯示祂仍是論及有關祂自己的事。

當耶穌原本所說的亞蘭語在新約聖經的希臘文中被保存下來，這通常都具有重要的意義。有兩處亞蘭文文字對於了解耶穌的自我意識是十分具指引性的。其中一處，是使用亞蘭文短句「阿門，阿門」，或作為祂開始教導的「實實在在」(太五 18；可三 28；約三 5)。這給予他的教導一個新的權威，並且表示祂正授予一個更高階的教導。這並非跟摩西或律法相反，而是聲稱一個新的權威。耶穌看祂本人在帶來天國一事上，是代表上帝而行的，作為上帝的代理或上帝的使者。

阿爸，父

〔耶穌〕說：「阿爸！父啊！在你凡事都能；求你將這杯撤去。然而，不要從我的意思，只要從你的意思。」(可十四 36)

所以，你們禱告要這樣說：我們在天上的父：願人都尊你的名為聖。(太六 9)

第二處有趣地使用亞蘭文的是，耶穌指上帝是「阿爸」(Abba) 這事，而「阿爸」這亞蘭文即是「爸爸」的意思。耶穌自己的祈禱有時會給人很大的衝擊。祂在意識到祂跟父有一個非常自然及個人的關係下而向上帝祈禱。同樣，在祂所講的比喻中，耶穌把自己歸入跟其他人不同的類別。例如在馬可福音十二章 1 至 12 節中，祂講述葡萄園及那些拒絕向園主納租的租客的故事。園主差了很多僕人去葡萄園，但他們也被那惡租客毆打。之後園主差他的獨子去，那租客卻把他殺了。耶穌明顯在講述有關祂自己使命之故事。而有趣的是祂把自己看為「那愛子」，並從其他先知中分別出來。

耶穌也承擔起以像上帝一樣（God-like）的方式去行事。在接納貧窮人、弱者、婦女、外邦人、痲瘋病人及其他被宗教當權者視為不重要的人之中，耶穌接納人們返回到上帝子民的文化中生活，而不用他們到聖殿獻祭。我們清楚知道，古猶太教是一個高舉寬恕、愛及恩典的宗教。基督徒有時以漫畫諷刺她，並說「你要遵守所有的律法，否則你就不會被接納。」但這是不公平的。這裏有寬恕，這裏有代贖——但它是經由獻祭制度而來的。可是，耶穌大開歡迎那些邪惡的人進入上帝的國之門。祂接納人並非因為他們在聖殿所獻上的祭，乃因他們對耶穌這人所作出回應。

以上這些就是那類事件，以顯示出耶穌本人對祂的所作及所是之獨特理解。至少我們看見耶穌有一個被上帝所差的使命感。祂像上帝一樣作事——給人生命、醫治、赦免罪孽及接納被遺棄者。祂也似乎聲稱跟上帝有特殊的關係。在這情況下，祂為到新約聖經後期的兩個反省定下路向。這兩個反省是耶穌作為上帝的使者之所**作**（did），以及對於與上帝和人類的關係而言祂的所**是**（is）。這樣，我們在這幾章所見關於新約聖經對耶穌的描述，與我們將會在第二部分提及關於後期的神學爭論，兩者可以被視為是對耶穌本人的自我意識那合法的做法。

不同觀點的發展

曾幾何時，人們熱中於談論關於我們對耶穌的理解的演變，就是由猶太人教師到外邦人的上帝之演變，不過現時卻少有人關注這方面的問題。無疑，一直至二十世紀中期為止——但自那時開始偶然也會如此——好些學者都說：耶穌在開始時是一位猶太拉比，即一位當律法教師的人。後來祂的名聲漸漸傳到希臘世界，信徒把神聖的人——即救世者——的概念加在耶穌身上。在一世紀期間，這思想傳播開去，耶穌便進一步被高舉，直至最終被視為一位外邦人的上帝。這關係到較後期出現的概念，那時出現了一些有更崇高的基督論概念的文獻，而約翰福音就是一個例子。

「作為新約聖經的基督論的起源之類比，發展（development）一語比演變（evolution）更好。」（C. F. D. Moule, *The Origin of Christology* [Cambridge University Press, 1977], 135）

正如我們曾看過，這是一個過於簡化的理論，它未能告訴我們新約基督論那真正發展的情況。所謂「高階的」基督論，即視耶穌為分享著上帝的生命的觀點，它的根源正正在於最早期首個猶太信徒的社羣，也許甚至是源於耶穌本人的自我理解。這並非一些在半個世紀後從希臘背景輸入來的東西。所以，談論有關在新約聖經中那基督論——或甚至那幾個基督論——的發展，會較為理想。

「也許那個有各式各樣光線射出來的太陽模型，比那個線性發展模式更為適合。」（Ben Witherington III,

The Many Faces of the Christ: The Christologies of the New Testament and Beyond [New York: Crossroad, 1998], 227）

我嘗試跟你分享的是一整套以耶穌、祂的故事、對祂的理解及描述為題的圖畫。從新約聖經中清晰可見，耶穌的生平、死亡及復活——整個拿撒勒人耶穌的「事件」——在短時間內產生了很多關於耶穌作過甚麼事及耶穌是誰（或現在是誰）的神學思索、爭論及分析。

合一與分歧

我們在第三章提到，其中一件關於四卷福音書那多元性的事，就是它們雖有不同的描繪但所描繪的對象都是同一位人：他們述說同一個傳道者的故事——祂作教導、醫治人、被拒絕、受苦、受死及後來復活過來。當中只有一位耶穌而不是四位。同樣，在新約聖經其餘的書卷中，即是由保羅手筆到其他的書信中，我們看見有關耶穌的神學理解的多樣性，因為每位作者嘗試為讀者去解釋耶穌這人及祂的重要性。然而在不同重點的背後仍有一個信仰：他們在真理上的共同之處是，上帝已決定性地、獨特地及極致地在拿撒勒人耶穌身上作事。

新約聖經並沒有嘗試系統地或神學地作詳細解說。在之後幾章，我們將會看見初期基督教教會，如何就當時哪些關於耶穌的概念當被接受或不被接受而作出決定。這些爭論引致在尼西亞及迦克墩會議中，產生有關三一及耶穌的神性與人性之經典著作，這給予可能的耶穌畫像的多元性設下一些界限。他們以適合當時代的文字及理念去作這些事。

然而對於每一世代及每個人而言，「耶穌昔日是誰？」這基督論的問題仍然存在，而且它導向「對於我而言，耶穌當下是誰？」這進一步的提問。

第二部

初期教會

6 初期教會及耶穌的教訓

在接下來的三章，我們會看看，在新約聖經成書後的幾個世紀，初期教會對耶穌的回應。最初期的基督徒所經驗到的耶酥，是那位被上帝所復活，並獲賜天上那上帝右邊的座位之主，他們基於此經歷便相信耶穌是神聖的；他們也看見從祂在地上行神蹟及作教導的生命中所反出來的神性。在教會的首四個世紀，關於耶穌作為人及作為上帝這兩者的關係之解釋愈來愈詳盡，最後引致尼西亞及迦克墩會議的議決。而這個教義發展的過程，將會是本書第八章的主題。

然而，十分重要的是，正式的教義陳述——例如那些出於尼西亞及迦克墩會議的陳述——需要在它們更廣闊的宗教及神學處境下來理解；在這一章，我們將會先查看初期教會如何回應耶穌的道德教訓，而在下一章，我們將會查看耶穌在初期基督徒的崇拜中之地位。在這兩章中，我們也會聚焦在首三個世紀——這是基督教神學的形成期——的那些著作內的證據。至於四及五世紀的作者將較多是本書第八章的重要部分。

初期教會的重要性

直到十六世紀宗教改革運動之後，諸如在尼西亞及迦克墩舉行的教會會議的那類教義陳述，以及初期教會重要的神學家（教父）之各種教訓，才在基督教神學中佔有特殊的地位。首先，對於東正教及羅馬天主教神學家而言，教父及會議的教義（這是相對於聖經的所謂「傳統」）必須保持不變，這是信仰的原理（axiom）。對於新教徒而言，雖然有關信仰的事那至高的權威在於聖經，而信徒也沒有被要求去相信那些聖經並無明言的東西，但教父的著作仍通常被視為一個真正的指引，指示聖經該如何被解釋，以確保現今的教會跟使徒時代的基督徒，在信念及實踐方面（包括其管治制度、敬拜及神學）是否一致。

正如我們在第一章所看過的，雖然一些較為近代的神學家拒絕接受一個理解：即基督徒必須按最初被擬定時的用語來相信初期教會的教義；但只有小部分神學家完全拒絕接受初期教會的神學觀念。現代不同傳統的神學家比起他們的前輩，更意識到哲學及文化的因素，而這些因素是影響著初期神學家那些用來說明他們的信仰之方式的。現代神學家也較少傾向視那些以希羅哲學觀念所作的信仰表達，永遠具有權威性。雖然如此，很多人認同，教父身為那些在教會生活及崇拜的處境下實踐他們信仰的基督徒，他們對於在新約聖經中表達的基督教信仰那原初意思之理解，若非一權威性的理解，至少也是相當有價值的，因為他們在時間及文化上接近新約聖經本身，也因為初期教會在其宣講、崇拜及神學反省上，保留著關於耶穌及使徒的生活及教訓的集體回憶。教父之所以必定對於當代基督徒有一些重要性，完全因為他們是首先以創新的神學觀念，來回應新約聖經信息的基督徒。所以許多的現代神學，不論它的焦點在於崇拜、祈禱、職事、教會生活或基督教倫理學，它仍從初期教會中得到靈感，並以初期教會為它的起始點。

教父著作

教父著作不僅在時間上跨越四或五個世紀，而且也包括一個廣闊的地域範圍，由位於地中海東邊的巴勒斯坦、敍利亞及埃及，至位於西邊的意大利、高盧（Gaul；即現時的法國）及北非。當開始研讀他們的神學時要緊記，雖然所有基督徒在他們個人生活中也會祈禱、崇拜及對新約聖經那有關耶穌的信息作出回應，但只有少數人會在著作中清楚表達他們的信仰，而在這些初期基督徒的著作中，亦只有少數存留至今。我們閱讀教父的著作，需要意識到我們現有的圖畫只是整幅畫的一部分。在歷史及神學兩方面，有很多關於初期教會的情況仍是未能確定的，而現代神學家無可避免地有時會不認同那些對初期教會的神學的解釋，不論這解釋是處於初期教會神學本身的處境中，還是處於它對於今日的重要性中。雖然如此，教父著作及初期教會會議的教義陳述，仍在現代神學思潮中佔有角色，而這角色就足以值得給它們大量的篇幅來討論。

初期基督教思想中耶穌的教訓

為何首先查看初期教會對耶穌的道德教訓的理解？

答案主要是為了要恢復平衡。初期教會神學家被指忽視了耶穌的教訓，儘管這說法是不真實的，但耶穌的教訓卻是未受到應得的注意。初期基督教神學家最大的努力，是專心致力於證實耶穌是神聖的，或證實祂實現了舊約聖經對猶太彌賽亞來臨的預言——即一個在新約聖經早已是非常明顯的關注。因此，關於初期教會對耶穌的理解的那些現代研究，已傾向集中於教會內那些關於祂的獨特教義之發展。但正如早前所提及的，重要的是要考慮到關於耶穌的教義所置身的宏大神學處境。就初期基督徒對耶穌的道德教訓所作的回應，我們將會對初期基督教神學的本質及作為一個宗教運動的初期教會，作更多探討。

一些初期教會的神學家

- **伊格那丟**（Ignatius；譯按：或譯「伊格納修」）：敍利亞安提阿的主教。藉著存留下來那七封寫給小亞細亞（現時土耳其）教會的信而聞名。他被捕並被帶到羅馬，並且在二世紀二十年代，因身為基督徒而被處決。
- **殉道者游斯丁**（Justin Martyr）：一位基督徒教師，在他歸信基督教之前，他是一位柏拉圖哲學的支持者。他生於撒馬利亞，後來在羅馬生活。他是兩本重要著作《護教書》（*Apologies*）或兩份基督教的辯辭的作者。他死於公元一六二至一六七年間。
- **愛任紐**（Irenaeus）：雖在小亞細亞出生及受教育，但他是高盧里昂（Lyons）的主教。他是二世紀最重要的反異端作家。約死於公元二〇〇年。

- **革利免**（Clement；譯按：或譯「克萊門特」）：一位亞歷山太（羅馬時期埃及的首都）的基督徒教師。他是一位重要的護教者及把哲學觀念應用在基督教神學裏的倡導者。他跟愛任紐為同期的人。
- **特土良**（Tertullian；譯按：或譯「德爾圖良」）：他在迦太基（Cathage；現時突尼西亞〔Tunisia〕）出生及生活。可能好像游斯丁及革利免一樣是一位信徒。他是首位以拉丁文寫作的神學家。他約死於公元二二〇年。
- **俄利根**（Origen；譯按：或譯「奧利金」）：他約在公元一八四至一八五年間於亞歷山太出生。他在亞歷山太教授神學，以及（自約公元二三一年起）在巴勒斯坦的該撒利亞教神學。他也在該撒利亞被按立為神職人員。在尼西亞會議前他是最重要的神學家。他約死於公元二五四年。於死後（公元 399 年）被亞歷山太及羅馬主教譴責為異端。
- **亞流**（Arius；譯按：或譯「阿里烏」）：亞歷山太的神職人員及神學家。他的教導引起有關三一教義的爭論，這爭論導致在公元三二五年召開尼西亞會議。他死於公元三三六年。
- **亞他拿修**（Athanasius；譯按：或譯「阿塔那修」）：公元三二八至三七三年的亞歷山太主教（縱使他曾五次被他的敵人放逐）。他是尼西亞會議上的辯護者，是四世紀最重要的神學家。
- **該撒利亞的巴西流**（Basil of Caesarea；譯按：或

譯「該撒利亞的巴西爾」)：自公元三七〇年起任加帕多家(土耳其東部)的該撒利亞主教。他是基督教修會社羣的重要創立人。他是尼西亞會議上的辯護者及亞他拿修的支持者。他死於公元三七七年或三七九年。

- **女撒的貴格利**(Gregory of Nyssa；譯按：或譯「尼撒的格列高利」)：巴西流的弟弟，他像他哥哥一樣是尼西亞會議上的辯護者。他約死於公元三九五年。
- **拿先斯的貴格利**(Gregory of Nazianzus)：巴西流及女撒的貴格利的朋友。他的重要之處在於為聖靈的神性作辯護。他們這三位朋友一起被稱為加帕多家教父(Cappadocian Fathers)。他約死於公元三八九年。
- **亞歷山太的區利羅**(Cyril of Alexandria；譯按：或譯「亞歷山太里亞的西里爾」)：公元四一二至四四四年任亞歷山太主教。他反對**涅斯多留**(Nestorius；公元四二八至四三一年的君士坦丁堡〔Constantinople〕主教，約死於公元四五〇年)那關於耶穌位格的教導。他們之間的爭論最終導致在公元四五一年召開迦克墩會議，並且制訂了道成肉身的教義那正式的陳述。

我們的研究的現代處境

對於很多現代基督徒而言，耶穌的道德教訓是福音信息的核心，尤其是在一些把貧窮與不義視為人類所面對最重要的道德及社會議題之地方。上帝給予所有人的愛、人與人之間的人類責任，以及上帝的和平及公義那超越人類政治及社會的價值及制度之首要性，都是從耶穌道德教訓所引申出來的基督教信念——當然也是引申自耶穌那具憐憫心腸的生命榜樣，以及祂為人類所白白付出的服事。

現代基督徒也把耶穌的道德教訓視為一個基礎，以確認出基督徒與其他道德觀點間那相同之處，不論那些其他道德觀點是宗教教訓、世俗哲學，還是政治觀念。例如，基督教的和平主義（引申自耶穌那關於以愛回應惡的教訓），與佛教或印度教——通常包含反暴力及包容這些道德價值的宗教——之間的共同點或許可以被確認出來的。其他的連繫可以在基督教與解放運動如馬克思主義及女權主義之間建立起來的——這方面的研究已鼓勵很多基督徒更致力地要使耶穌對不義、貧窮及暴力之反抗，成為現代世界裏一股有力的政治力量。

渴望在基督教與世界其他宗教之間築起橋梁，並且渴望看見在不公義及貧窮上，把基督教的倫理教訓跟具有相似社會及政治目標的世俗及宗教思想系統結成聯盟（以致可從當中學習），這是現代基督教獨特之處，尤其是自二十世紀以後——在這時候，世俗的意識形態興起，而西方社會變得比以往更意識到，他們本身以外那些可供他們選擇的宗教及社會系統。初期基督徒認同不公義及貧窮乃重要的議題，但我們不應期望他們分享著現代基督徒的觀點。他們有他們本身具爭議及護教性的關注，這都跟他們本身的宗教及社會處境及觀點有關。我們需要理解部分這些關注，以致明白為何他們在耶穌的倫理教訓上所著重之處，有別於今天許多基督徒那典型的著重點。

初期基督教道德教訓的處境

■跟猶太教的爭辯

在整個初期教會時期，尤其是在一及二世紀，基督徒關注要確立他們那個涉及猶太教的身分——基督教是從猶太教擺脱出來的。基督徒的獨特信念是以他們對耶穌作為彌賽亞、上帝的兒子及救主這些身分的觀點為中心的，而並不是以道德問題——猶太人與基督徒大致分享著相同的假設——為中心的，這也因此成為基督教跟猶太教衝突之源頭。由於這衝突不是集中於道德觀點，以致這沒有促使基督徒去強調：在耶穌的道德教訓中，那些比他們先前所信的宗教之教導更為獨特之地方。這是其中一個原因，以解釋為何耶穌的教訓有時可以不及有關其神性的教義，更能令初期基督徒感興趣。

猶太人及基督徒所分享的道德假設基於十誡，以及一般而言，也是基於舊約律法和先知的道德教訓，而這大致上反映在耶穌的教訓中。耶穌並非猶太教中第一位宗教教師反對不公義、暴力及貧窮，也不是第一位宗教教師呼籲為罪悔改，並提出愛比宗教禮儀更為重要，或教導持守性道德的重要性，包括婚姻上的忠貞、遠避惡慾及姦淫。在這個意義上，基督徒大致跟猶太教分享著那道德的架構，而且他們可以用很多出於舊約聖經的辭彙來描述他們的道德生活，例如在游斯丁的《與特來弗對話》(*Dialogue with Trypho*)中，有一段關於游斯丁與一位猶太老師討論問題的記述：

> 我們這些充滿戰爭、彼此殘殺及各式各樣的邪惡的人，各自從全地上把我們的戰爭武器轉變——我們的劍轉為犁頭，我們的長矛轉為耕作的工具。我們種植虔誠、公義、愛人的心、信心及來自父本人並藉被釘死的那位而有的盼望。(Justin, *Dialogue with Trypho*, Section 110; *New Eusebius*, 59；這參自以賽亞書二章 4 節 / 彌迦書四章 3 節)

關於共享的道德假設那概括的描述，有一個很大的例外，就是為著初期基督徒在多大程度上受制於舊約律法的宗教或禮儀，基督徒跟猶太人有所爭論。初期基督徒大致相信，耶穌曾教導祂的跟隨者不必繼續守律法。他們會從福音書中引用例子以指出，耶穌曾說——例如——猶太人的食物律法或有關禮儀上的潔淨律法是不重要的，或耶穌給人看來是觸犯了那些有關遵守安息日的律法的。

耶穌對律法的態度	
馬太福音五章 21 及 22 節	殺人
馬太福音五章 27 及 28 節	姦淫
馬太福音五章 31 及 32 節	離婚
馬太福音五章 38 至 44 節	復仇
馬太福音十二章 1 至 12 節	守安息日
馬太福音十五章 1 至 20 節	禮儀上的潔淨

現代新約聖經學者已可以證實，整體而言，耶穌並非如初期基督徒所傾向相信的那樣，是跟舊約聖經的律法敵對的。祂或許期望以一個特別的方式來解釋舊約聖經的律法，或許期望強調它某些規定（參頁153表單內的例子），或許期望接受在一些情況下人應該觸犯律法或應該豁免遵守律法，但祂並不期望見到律法被廢棄。

對於初期基督徒而言，這些現代的見解是十分陌生的。他們從字面地相信在福音書所讀到關於耶穌對律法所表露的敵意。這是他們跟猶太教爭辯的論點，而在爭論中，基督徒就著耶穌所教導的（或至少是他們認為是耶穌所教導的）作出了許多的爭論，而且他們也十分敵視猶太人的生活方式。安提阿的依格那丢很簡單地表示：「若我們按猶太教方式生活，我們就承認我們沒有接受過恩典。」（Ignatius, *Magnesians*, 8; *New Eusebius*, 13～14）他接著把「守安息日」（即猶太教）與「被主的日子所管治的生命」（即復活，也是基督徒的生命）作出對照。

■跟異教徒爭辯

二世紀的基督徒花上大部分智性能力，跟希羅異教進行護教式爭論。整體而論，基督徒在這場爭論中所站的立場是：基督教向異教信仰教導了一個更超越的一神論，那就是獨一真神——即萬有的創造者——的教義。基督徒把異教看作是對偶像或魔鬼的敬拜，而他們花上很多精力去攻擊它。雖然他們十分清楚，異教信仰已被好些希臘哲學家、詩人及劇作家批評，但他們很快就聲稱，這些批評就是支持基督徒所教導的真理之證據，然而，從基督徒的角度看來，只有基督教才完完全全掌握了這獨一真神的教義。

由於基督徒拒絕敬拜異教的神祇，他們被很多異教批評者視為無神論者，而且他們可能會受到羅馬政府的懲罰。所以那必不可少的是，基督徒要證明他們是在敬拜那位真神，而耶穌就是這位真神那成了肉身的兒子（例如參 Justin, *First Apology*, 5 ～ 6; *New Eusebius*, 60）。在歷史及哲學上支持聖經及基督教信念的真理的證據，都是以求證的形式被提出的：即指出耶穌已被舊約聖經的先知所預言（這肯定了猶太人聖經的神聖靈感〔divine inspiration〕）；以及指出基督教教義是與理性一致的，而且與最佳的理論一致——就是那些可在異教信仰及哲學教導中、在那些指向一神論方向的教訓中被發現的理論（再參 Justin, *Second Apology*, 13; *New Eusebius*, 61 ～ 62）。

基督教與異教的爭辯是一個重要的處境，基督徒在這處境中反省他們信仰的道德教訓。整體而言，初期基督教護教士較多關注攻擊異教信仰，以及證明基督教那哲學性及歷史性的真理，卻較少評論他們所處身的社會的道德情況。然而，在初期基督徒著作中，有很多地方把基督徒的生活方式，描述為優於異教徒的生活方式——例如，在上文曾引用游斯丁那段關於人們在歸信基督教前的道德情況的評論，便暗示了這點。在這一章較後部分，我們將會更仔細查看游斯丁對耶穌的道德教訓那護教式的使用，我們也會看看俄利根——在我們所關注的時期內，他作為基督教護教士，是游斯丁最重要的繼承者——在這方面的使用。

■基督徒社羣的社會道德觀

基督教始於巴勒斯坦的鄉郊及耶路撒冷城。它在開始的時候很可能是一場革命，或至少是一個徹底性、社會性及道德性的方案。而正如我們曾看過的，這就是許多現代基督徒想要強調的基督教道德教訓的一面。然而，像許多宗教團體一樣，基督教火速發展成為一個都市的、中產階層的，以及在社會上基本的保守運動。二及三世紀典型的基督徒一點也不富裕，也不是社會的領袖人物，但他們很多人也受過相當良好的教育，是平凡的、城市的及中產階層的人。整體而言，他們所關注的是要顯示出，在社會上保守的道德標準——如誠實、家庭及性正直等等——正是基督教的特徵。無論如何，這不是要指出，這些基督徒並不反省道德的問題，也不是說他們不嘗試跟隨耶穌的道德教訓，或說他們對自己生活方式的描述在道德上並沒有很高的要求（例如參雅里斯底德〔Aristides〕的《護教書》〔*Apology*〕對基督徒道德操守那鮮明的描繪；*New Eusebius*, 52～54）。相反，相關的證據清楚顯示出，基督徒融入大眾社會之中，他們對社會並不會構成威脅。一位匿名的基督教護教士，即一份稱為《致丟格拿妥書》（*Letter to Diognetus*）的文獻的作者，這樣寫道：

> 因為基督徒與別人之間的區別，既不在於地域，亦不在於語言，且非在衣著上……但當他們按著各人的命運而生活在希臘和蠻野的城邑中，並在衣服飲食與其他日常生活的事宜上，都隨從當地的習俗，他們所展示那公民身分的

條件卻總是奇妙的，並無可否認地是陌生的。他們雖住在他們自己的祖國，但好像只是國中的寄居者；他們享有作為公民的一切生活，但又忍受外地人的一切痛苦。對他們而言，異地好像他們的父家，而每一個父家又像是他們的異地。（*Letter to Diognetus*, Section 5; *New Eusebius*, 55；編按：譯文參考自章文新編：〈丟格乃妥書〉，載《基督教早期文獻選集》，謝扶雅譯〔香港：文藝，1976〕，頁396，並稍作改動）

換句話說，基督徒把他們的渴望集中於天上多於地上，他們也不會組成一個獨特的——所以是潛藏叛亂性的——政治社羣（就如猶太人在公元六十六至七十年及一三二至一三五年反抗羅馬帝國失敗之前，猶太教所作的事）。這可以給現代基督徒一個印象，就是初期基督徒並非十分欣賞耶穌的道德教訓那徹底的一面；但或許，鑒於基督徒在二世紀的希羅世界中，是一小眾羣體，他們也常常因被視為無神論者（參上文）而面臨被迫害的威脅，因此，若期望他們渴望以政治及社會行動，來轉變他們所身處的社會，是不切實際的。

■基督徒知識分子的道德觀

二及三世紀的基督徒知識分子——像游斯丁、亞歷山太革利免及俄利根一樣的人物——撰寫了最早期的著作，談及基督徒的祈禱及靈性方面，或個人的宗教生活，同時也談及神學和護教方面。基督教護教士會樂意向異教徒堅持著基督教的道德教訓那優越之處，但提出這論點的基督徒知識分子，通常同時也分享著希羅哲學家部分的道德假設，而這些哲學家傾向以貫徹一種著重個人道德努力與成就的「哲學式」的生活方式，來察看道德與倫理。道德生活是一種訓練的形式，是一種形式以邁向一個具有穩定的或慣常的美善、精神的安寧及快樂的狀態。對於基督徒而言，那目標會包括享受跟上帝那個人的關係，或許這是以聯合（union）或默觀（contemplation）的角度來理解——聯合或默觀等辭彙是後期基督教神修神學（mystical theology；或譯「密契神學」）的顯著特色（革利免及俄利根是神修神學其中兩位創立人）。特別是對革利免及俄利根而言，道德也必涉及到那被視為有助向上帝作出恰當奉獻的苦修主義（asceticism）。

有關視倫理為個人成長的部分方案——即一些使神學家在哲學研究及苦修主義的生命過程中作自我訓練的東西——這意思表示，初期基督教道德著作的焦點，往往放在人們想過一個良善生活的動機上，或放在那正直或良善的人之品格上，而非放在如順服上帝或耶穌等道德或宗教責任的命令之上。基督教道德學者通常較為善於談論有關人的動機及品格，多於談論有關個別行為的道德性。例如，革利免是以「非情性」（passionlessness）或抽離的角度，來表達基督教道德的目標，在這種表達中，實踐良善並非為要得名聲或天上的賞賜，而是單單出於想按上帝的形象及樣式去生活這個渴望（參創一26）：

當他已首先緩和他的情感，以及在非動情性

> (impassibility) 上鍛鍊自己……到那時他就等同於天使。早已成為光明，並在善行中像太陽一樣發出光輝，他像使徒一樣，以公義的知識藉著上帝的愛迅速前往神聖的居所。(Clement, *Miscellanies*, book 6; *New Eusebius*, 185)

以這些辭彙作思考的基督教神學家被指忽略了耶穌那具體的道德教導，雖然這說法是不公平的，但是我們很容易就會看到，在那些受到這種道德生活的思考方式所影響的作者中，耶穌對社會道德或公義的關懷如何可以成為從屬於一個較個人化及靈性化的目標。

■ 殉道與效法耶穌

誠然，當要描述初期基督徒的生活方式時，《致丟格拿妥書》的社會道德、革利免及俄利根在智性上的苦修主義，也不是整幅圖畫的全部。初期基督徒的普遍信念認為，基督徒對上帝的奉獻那最崇高的表現，就是經歷殉道——在羅馬政權面前承認個人的信仰，以及因拒絕放棄基督教而被處死。

殉道的意願不單表達出，在面對那藉著認同敬拜異教神祇以求活命的試探下，仍忠於基督教關於上帝教導的真理；這意願也表達出個人與耶穌在祂的受苦與死亡上那份認同感。在二世紀期間，好幾份文獻記述了當時重要的基督教領袖的殉道，而這些文獻也在眾教會中被傳閱，作為信徒敬佩及效法的榜樣——例如，關於士每拿主教坡旅甲（Polycarp, Bishop of Smyrna；譯按：或譯「波利卡普」）的記述（*New Eusebius*,

23～30）。但是對於作為一種回應耶穌忍受痛苦的榜樣之方式，並作為所有希望改進他們的門徒生活質素的基督徒之目標，殉道在這兩方面都被視為有價值的，而這信念最能以安提阿的伊格那丟所提出的意見作為例子來說明。當伊格那丟因身為基督徒而被捕及被押到羅馬受審之時，他寫信給在羅馬的基督徒，並要求他們不要試圖去救他免於受死：

> 我確實認真地要為上帝而死——若只要你們勿加攔阻。我必須懇求你們不要向我作這不合宜的仁慈。請讓我被野獸們吞噬，因為牠們給我提供了能以到達上帝那裏的途徑。我是上帝的麥子，要在野獸的牙齒裏被磨碎，才可以被造成基督潔淨的餅……當世人看不到我肉身的時候，我便將真正成為基督的門徒。請你們為我懇求基督，使我得以藉這些工具成為獻給上帝的祭物。（Ignatius, *Romans*, 4; translated by M. Staniforth and A. Louth, *Early Christian Writings* [Penguin Classics; Harmondsworth, 1987], 86；亦參 *New Eusebius*, 12～13；編按：譯文參考自章文新編：〈伊格那丟致羅馬人書〉，載《基督教早期文獻選集》，謝扶雅譯〔香港：文藝，1976〕，頁 72，並稍作改動）

在君士坦丁皇帝於公元三一二年歸信基督教前的三個世紀，任何對於初期基督徒的信念之記述，不論是關於神學的或道德的問題，都必須要考慮到他們為著他們的信仰而面對迫害及蒙受痛苦這個可能性。

在護教及宣講中運用耶穌的教訓：游斯丁、俄利根及《革利免二書》

本章的後段部分將會更詳細說明初期教會對耶穌的道德教訓之運用。首先，我們會看看在護教方面的運用。正如我們對基督教道德教訓的一些處境所作的研究所顯示，護教是其中一個最具考察價值的範疇。游斯丁及俄利根是護教士的最佳例子，他們強調基督教比異教的道德教訓更為優越。最後，我們將會看看在初期基督徒的宣講例子中，耶穌的道德教訓如何被運用，因為宣講很可能是那主要的途徑，以讓一般初期教會的基督徒認識耶穌的道德教訓，並因而認識耶穌期望他們作出哪種道德的委身。我們會以一篇被稱為《革利免二書》（*2 Clement*）的初期基督教講章作為例子。

游斯丁

游斯丁在他那本寫給羅馬皇帝安多尼努．庇護（Antoninus Pius，138～161年）的《第一護教書》（*First Apology*）中，把數頁的討論內容訴諸於基督教的道德力量。值得注意的是，這幾頁是緊接著《護教書》的引言部分，而在引言部分，游斯丁駁斥異教所作的指控，即指控基督徒是無神論者，或指控他們企圖以他們的行動去顛覆社會或羅馬帝國。所以，游斯丁對倫理作出評論（即《第一護教書》第十四至十七段），並藉此作為一個有用的引子，使他能更詳細討論基督教關於耶穌的位格及舊約聖經的預言在祂身上實現的教導。

他以訴諸（正如早前所引《與特來弗對話》的那段話一樣）信徒所採納的生活方式的轉變作為開始——這些信徒，就是那些不再受那誤導異教徒來批評基督教的魔鬼的欺騙，並且被道（即上帝的兒子——耶穌——透過聖經所說的話）所說服，來「跟隨獨一非受造的上帝」的人（Justin, *First Apology*, 14）。

> 那些從前曾好淫亂的，現則只擁抱貞潔；那些從前使用法術旁門的，現則獻身於良善與非受造的上帝；我們這些從前重視財富和產業過於一切的人，現今則將我們所擁有的都送入公共庫存，並與每一位有需要之人共同分享；我們這些從前曾彼此仇恨，相互殘殺的，並因為不同的風俗而不願與不同種族的人並存的人，現今則自基督之來，我們和他們親暱相處，以及為仇敵禱告，並力求說服那些不公道地憎恨我們的人，來按基督的忠告而生活到底，以叫他們與我們能一同分享那來自萬有統治者上帝的獎賞的喜樂盼望。（Justin, *First Apology*, 14；編按：譯文參考自章文新編：〈游斯丁第一護教辭〉，載《基督教早期文獻選集》，謝扶雅譯〔香港：文藝，1976〕，頁 415，並稍作改動）

游斯丁之後繼續邀請《護教書》的收書人，即皇帝和他的兒子，去檢視基督教的道德教導，「以查明我們是否真的被教導這樣行及把這些事教導人」。他把耶穌的道德教訓跟那些不太被人記起及難以理解的哲學教訓，作了一個明顯的對比：「簡潔的言論從祂〔編按：即耶穌〕而出，因為祂不是智者（sophist），但祂的話卻是上帝的大能。」〔編按：譯文參考自章文新編：〈游斯丁第一護教辭〉，載《基督教早期文獻選集》，謝扶雅譯（香港：文藝，1976），頁 415，並稍作改動〕

隨後的幾個段落，他引用了許多耶穌的言論，主要來自登山寶訓（太五～七章），而且是以耶穌論及性道德及離婚的言論為開始，繼而進入關於悔改、愛仇敵及慷慨施予的言論（Justin, *First Apology*, 15）。之後，游斯丁討論對邪惡的非抵抗性（non-resistance），並指出為了得救的緣故，基督徒有需要實在地跟隨耶穌的道德教訓，而不是單單宣認相信耶穌（16）。最後他提及，即使基督徒只單單敬拜上帝，但他們應遵從耶穌的命令，甘心樂意地納稅及忠於帝國（17）。

游斯丁希望同時以個人及公共的辭彙，來強調基督教那改變人生活的能力，以及強調基督徒能以他們的行為來贏得歸信者，也能說服羅馬政權相信他們不會帶來傷害，反而是有益於社會的。他列舉了一些基督徒生活的例子，並指出它對異教徒的影響：

> 許多從小已成為基督門徒的人，包括男和女，到了六、七十歲時，他們仍保持他們的貞潔；而我感到自豪的是，我能從所有種族中指出有這樣的人。（Justin, *First Apology*, 15）

> 那些過往與你們的想法一樣的人……他們已改變了他們那暴力及專橫的性情，他們被征服，

是因為他們發現到〔基督徒〕鄰舍生活的忠誠，或者因為他們觀察到在被詐騙的旅客身上那份奇異的忍耐力，又或者在與那些人打交道的過程中經歷到這份忍耐力。（Justin, *First Apology*, 16；編按：此兩段譯文參考自章文新編：〈游斯丁第一護教辭〉，載《基督教早期文獻選集》，謝扶雅譯〔香港：文藝，1976〕，頁 416～417，並稍作改動）

游斯丁深信基督教道德教導的力量，因而他挑戰皇帝去對付那些未能活出這教訓的基督徒：「關於那些不按祂這些教訓而生活、徒有基督徒之名的人，我們強烈要求，你們要對他們予以處罰。」（Justin, *First Apology*, 16；編按：譯文參考自章文新編：〈游斯丁第一護教辭〉，載《基督教早期文獻選集》，謝扶雅譯〔香港：文藝，1976〕，頁 418，並稍作改動）雖然他必定知道有一些在道德上放縱的基督徒，但若游斯丁相信，未能遵守耶穌的道德教訓，通常是基督徒羣體的特徵，他就不會作出這樣的評論。

這幾段游斯丁《第一護教書》的段落，是其中一份由二世紀基督徒所寫，並存留至今最長篇引用耶穌的道德教訓的文章段落。游斯丁把許多耶穌的言論串聯起來而沒有給予很多演譯或解釋，他在這方面或許顯得有點無知，但他的著作卻是其中一個最先的嘗試，向異教徒聽眾談論人歸信基督教及在一個異教的社會裏活出基督徒生活所涉及的事情。曾修讀哲學，並肯定哲學為預備基督教一神論式信念的價值的游斯丁，並不懼怕去指出，他相信在某些範疇裏，耶穌的教訓比異教哲學或信仰的倫理學是更優越及更有影響力的。

正如他在《第一護教書》較後部分談及有關浸禮時所說的，浸禮是給「那許多被說服，相信我們所教導及所說的是真實的，並且樂意按此而活的人的」（Justin, *First Apology*, 61）。對游斯丁來說，「被說服」是一個重要的字，他明顯把耶穌的道德教訓及基督徒社羣的榜樣作為最先的證據，並盼望這些證據會說服異教徒相信基督徒所教導的真理。

俄利根

俄利根是三世紀基督教中最顯著而且也是最富爭議性的人物。他是一位聖經註釋者、傳道者、護教士，以及關於基督教教義那些系統性及哲學性的論文之作者。他是古代其中一位少數的外邦基督徒，為要以原文來閱讀舊約聖經（也是為要跟猶太拉比談論有關聖經的解釋）而盡力設法學習希伯來文。他對基督徒生活那苦修式的理解及他對聖經那密契式的解釋（mystical interpretation），為基督教修道運動奠下根基。這運動在俄利根死後不久便在埃及展開，這可能是受到他的著作所影響的。在四世紀末的時候，因俄利根的神學那幾個具爭議性的特點，尤其是因著他對靈魂的先存性（pre-existence of souls）及其普救論（universalism）——可能包括相信魔鬼也可以為牠的罪悔改而得救——的信念，他被判為異端。

作為一名護教士，俄利根在許多方面延續游斯丁中斷了辯解，即發展著游斯丁對基督教教訓的合理辯解，以及為基督教一神論訴諸哲學支持的做法。但至於耶穌教訓的運用，俄利根所作的護教具有一個游斯丁所欠缺的有趣之處，就是俄利根意識到異教徒對聖經——包括耶穌教訓——的攻擊。

這可見於俄利根的護教著作《反駁克理索》（*Against Celsus*），在這著作中俄利根回應一名二世紀的異教徒哲學家的批評，這位異教徒哲學家曾研究過聖經，以及觀察過基督徒為耶穌的神聖地位辯護所提出的論據。（俄利根在公元二四〇年間撰寫《反駁克理索》，當時大約是克理索那本批判基督教的著作《真道》〔*True Word*〕成書後七十年。克理索這本著作的內容只有透過俄利根在回覆裏的引述才能得知。）

克理索不接受基督徒認為耶穌所具有——作為上帝的成肉身兒子——之獨特性，並且他適切地問到，若基督徒認為舊約聖經的預言及新約聖經對耶穌的神蹟之記載是耶穌神性的證明，那麼他們又為何不接受那類似的論據，就是那些支持關於異教神祇的故事的真理？（見 Origen, *Against Celsus*, 2.55 and 7.3）克理索也採用其他的論據來反對耶穌的神性，例如，若耶穌是上帝，祂當藉著保護祂的跟隨者免於迫害來提供這方面的證據（8.39）。俄利根《反駁克理索》的許多部分也是以回覆克理索這類的論據而開始的。

在與異教信仰相比下，藉著證明耶穌並沒有特別之處來把耶穌相對化，克理索把這個試圖延伸至他對耶穌的道德教訓的處理之上。在兩段有趣的段落中，克理索認為，耶穌的道德教訓其實只是一些也能在柏拉圖那裏找到的哲學教訓那次等的版本。耶穌對祂的跟隨者說，駱駝穿過針眼比財主進天國還容易（太十九 24）。但柏拉圖（Plato）說，人不可同時以富貴及良善而著稱（Origen, *Against Celsus*, 6.16）。同樣，耶穌所提出有關不抵抗邪惡、反要「把另一邊臉轉過來」的吩咐，其實是柏拉圖反對以惡報惡的論據那較粗略的版本（7.58）。

對於這些反對耶穌道德教訓之特殊價值的論據，俄利根的回覆指向他認為基督教比異教哲學那更優越的真正地方。首先，關於耶穌可能讀過柏拉圖著作，並就此決定以一個獨特方式去重述柏拉圖對富貴之教訓的這個觀念，俄利根對此不屑一顧。俄利根說，耶穌之所以選擇駱駝作解說的例子，因為按照猶太人律法，駱駝是「不潔」的野獸。換句話說，我們可以說（由於俄利根本人沒有貫徹完成這論據），耶穌那形象的選擇是要迎合祂那些猶太人聽眾的觀念模式，並且藉著使用「不潔」動物作為例子，以暗示富有者在道德上敗壞的特質。然而，俄利根繼續說，這個出乎意料的形象選擇，應該促使讀者去檢視耶穌其他關於貧窮人的祝福及富有者的災禍之宣告（太五 3；路六 20、24），以看看它們是否絕對要從字面來理解當中的意思。若不是這樣的話——他暗示——耶穌就必是指向一個更屬靈的性質，而非指到物質上的富有或貧窮。這是俄利根解釋聖經的典型方法，它運用聖經表面上不協調的句子或形象，例如駱駝穿過針眼，以證成那尋索一個超越聖經字面意義的意思的行動。

第二方面，有關不抵抗邪惡一事，俄利根對克理索的批判提出一個更為簡單直接的回應。俄利根認為，耶穌的言論並非如克理索所想的是柏拉圖的論據那較粗略的版本，它反而是一個更有益於人的版本，因為它可以被一般人理解——反之，連哲學家在理解柏拉圖上也遇到困難呢（Origen, *Against Celsus*, 7.61）。

這裏的爭論與游斯丁對耶穌的道德教訓之意見相似——他認為耶穌的道德教訓是「簡短扼要」，並且不是智者的哲學教訓。不過，俄利根的爭論比游斯丁更為明確清晰。對於游斯丁及俄利根兩位而言，耶穌的道德教訓是上帝給人類的啟示那最清楚的重點，這當然是因為耶穌就是以人類形象活著的神聖的道（*logos*）或交流。

之後，俄利根意識到有需要為耶穌的教訓作辯護。不像游斯丁，俄利根不僅僅提出耶穌的教訓明顯比異教徒在道德議題上所想的更為優越。但是，像游斯丁一樣，俄利根藉著作為改變人類的力量，而把耶穌的道德教訓視為真實的。然而，耶穌的教訓那道德的力量，又是源於祂本人生命的素質的。關於耶穌教導祂的門徒及其他聽眾如何按上帝旨意生活這事，俄利根用之來證明(以回應另一條來自克理索的批判路線) 耶穌是一個好人，因此，祂不僅僅是一位行法術的人，而是一位真正行神蹟的工人，並且祂確是上帝：

> 一位運用他所施行的神蹟來呼召那些看見道德改革發生的人的人，他並不會只單單向他真正的門徒顯明他自己就是最佳生命之榜樣，也會向其他的人作同樣的顯明；難道這是不可能的麼？耶穌如此行，為要祂的門徒專心置力按上帝的旨意教導人，也為要其他人——那些受耶

穌的教訓、也同樣地受祂的道德生活及神蹟所教導以明白正確生活方式的人——會在凡事上依至高上帝的喜悅而行。若耶穌的生命流露著這樣的性情，人〔即克里索〕又怎可能合理地把祂跟巫師的行為相比較，並且不相信按上帝的應許，祂是那位為了我們人類的好處，已以人的肉身顯現的上帝呢？（Origen, *Against Celsus*, 1.68; *New Eusebius*, 208～209）

《革利免二書》

只有很少數出於首兩個世紀的基督教講章能存留下來。其中一份最有趣的講章稱為《革利免二書》（*2 Clement* 或 *Second letter of Clement*；譯按：或譯「革利免達哥林多人後書」），因為它被認為是出於羅馬的革利免（Clement of Rome）之手。革利免是其中一位最早期的羅馬主教，死於一世紀末。其實上，《革利免二書》是一份匿名的著作，而且其成書日期也不能確定，但它大概可以被當作二世紀的作品。

《革利免二書》是其中一份大量引用耶穌教訓的最早期基督教著作。作者同時採用了福音書及耶穌一些不見於正典的言論——即一些被初期教會的作家所引用的言論，而這些言論可能是出於口述傳統，但這些言論卻無法進入到福音書的文本中。我們在這份講章發現到的是，一位出色的講道者本於耶穌所說的話，謹慎地談論基督徒為要得救及進入上帝的國而所需要作的事。例如：

所以讓我們用愛心和公義，時刻等候上帝的

國，因為我們不知道上帝將於何日顯現。至於主自己，當有人問祂的國降臨的日子時，祂便回答說：「等到二合為一，外與內相同，男與女一致，女與男各不能分的時候。」現在，當我們彼此言語誠實，身體雖二，靈魂是一，沒有欺騙之時，「二」就是「一」。所謂「外與內相同」，祂意指：「內」是指靈魂，而「外」則是指肉體。因此，正如你們的肉體是可見的，所以讓你們的靈魂也在良善的行為中明顯可見。所謂「男與女一致，女與男各不能分」，祂意指：當一位弟兄看到一位姊妹，他不應把她看為女性，姊妹看弟兄也不應把他看為男性。祂說，當你做到這種地步，我父的國就會降臨。（*2 Clement*, Section 12；編按：譯文參考自章文新編：〈革利免達哥林多人後書〉，載《基督教早期文獻選集》，謝扶雅譯〔香港：文藝，1976〕，頁 326，並稍作改動）

上述所引用的耶穌言論雖然並非出於正典，但這不影響我們對它的領會。雖然這講章的作者把福音書（太九 13）當作「聖經」來引用（*2 Clement*, Section 2；因而他也知道福音書是成文的文本），但他也把那些從任何口述或成文資料的來源取來的非正典言論當作權威。或許從現代的觀點看，有一段陌生的耶穌言論讓人思考，這會有助於突出作者的手法，即他謹慎地使用引文，並以優美的講道風格來詳細說明引文的道德含義，因此也顯出，若要進入天國，基督徒需要哪種順服。

在另一段落中，作者從耶穌兩段並列的言論中（太六 24 及十六 26）總結出一個對比——今世和基督徒所盼望的來世之間的對比：

> 當下主說：「一個僕人不能事奉兩個主。」我們若欲事奉上帝又事奉瑪門，這對我們是毫無益處的。「人若賺得全世界，賠上了自己的生命，有甚麼益處呢？」今世和來世是敵人。今世談及淫亂、腐敗、貪婪、欺詐；但來世則放棄這類事情。所以我們不能同時作雙方的朋友；我們必須與今世斷絕，從而經歷來世。我們認為最好是憎厭今世的事物，因為它們都是微不足道的、短促的及可朽壞的，而我們最好是愛慕來世的事物，即是那些良善的及不能朽壞的東西。我們若遵行基督的旨意，就必將享安息；否則，若是我們蔑視祂的命令，就沒有東西能救我們脫離永刑。（*2 Clement*, Section 6；編按：譯文參考自章文新編：〈革利免達哥林多人後書〉，載《基督教早期文獻選集》，謝扶雅譯〔香港：文藝，1976〕，頁 322，並稍作改動）

這是一個關於許多基督徒傳道者在講道中——或許特別當詳細說明耶穌的比喻或其他難明的言論時——所必須作的事的例子。這例子提醒我們，哪些類型的知識及對耶穌教訓之理解，可能構成初期教會中更有條理的護教及神學著作之基礎。

7 在初期基督教崇拜中的耶穌

在二十世紀下半葉，許多基督教教會革新她們的崇拜模式——她們通常在這嘗試中，借鑒於初期教會所提供的證據，以重新發現她們過往所承襲的儀式（rite）及禮儀（liturgy）那原初的意義。初期教會的崇拜已成為人深入研究的焦點，也成為神學家及其他研究基督教的學生所不容忽視的題目，部分是基於儀式的更新運動（movement of liturgical renewal）在近代教會歷史中的重要性。

在這一章，我們將會主要集中於兩個福音書所記載的或屬於主的聖禮的禮儀，即洗禮及聖餐（Eucharist；也稱為主餐〔Lord's Supper〕或領聖禮〔Holy Communion〕）。我們同時也會提及關於耶穌的觀念是如何融合於這些聖禮之中。

初期基督教崇拜的導論

資料來源

新約聖經告訴我們很多關於初期基督教崇拜，以及關於洗禮與聖餐的意義的事，而我們將會在這一章內看看部分關於這方面的證據。許多教父也在他們的著作中提及崇拜和聖禮。然而當中有幾個早期的資料來源，給予我們更詳盡及清晰的資料。

■《十二使徒遺訓》

在這些資料內，其中一份最早期的文獻是屬於二世紀、被稱為《十二使徒遺訓》(*Didache*)的文獻；"*Didache*"這名稱來自「教訓」(teaching)一字的希臘文。此文獻的全名為《主藉著十二使徒給外邦人的教訓》(*The teaching of the Lord to the Gentiles, through the twelve apostles*)。《十二使徒遺訓》是在被稱為「教會規條」(church order)的著作類別中最早期的例子，它是一套關於處理教會生活多方面事宜——包括敬拜及聖禮——的規條。《十二使徒遺訓》收錄了一些可能約於公元一〇〇年在巴勒斯坦及敍利亞成形的資料，而整份文獻形成的時間不太可能遲於公元一五〇年。雖然它的內容簡短，但它包含在新約聖經以外其中一個最早期關於洗禮的描述，以及最早期關於星期日或主日崇拜的一套指引。(參補充資料)

《十二使徒遺訓》節錄

(*New Eusebius*, 9～12)

關於洗禮：在流動的水裏，奉父、子、聖靈的名施行洗禮。但若沒有流動的水，可以用別的水施洗；若不能在冷水裏施洗，在熱水裏也可以。但若以上的情況都沒有，就可以奉父、子、聖靈的名，三次把水倒在頭上。而在洗禮之前，施洗者與領洗者都當禁食，有別人能同行此，亦好。你要囑咐領洗者，在洗禮前一兩天要禁食。（*Didache*, Section 7；編按：譯文參考自章文新編：〈教規（十二使徒遺訓）〉，載《基督教早期文獻選集》，謝扶雅譯〔香港：文藝，1976〕，頁267，並稍作改動）

關於星期日崇拜：你們當聚集、擘餅、祝謝〔或，施聖餐〕，承認你們的罪，如此你們的祭物方得潔淨。但是，凡與同伴產生糾紛的，讓他們暫停與大家聚集，直到他們和好為止，這樣你們的祭物就不致污染。因為這是主所吩咐的：「無論何時何地，要獻上潔淨的祭物給我，因為我是大君王，我名在外邦人中是可畏的。」（*Didache*, Section 14；經文引自瑪一10、14；編按：譯文參考自章文新編：〈教規（十二使徒遺訓）〉，載《基督教早期文獻選集》，謝扶雅譯〔香港：文藝，1976〕，頁270～271，並稍作改動）

■游斯丁

在二世紀的基督教護教及神學上，作為一個重要資料來源的游斯丁，他也為初代崇拜提供了重要的資料。他《第一護教書》的第六十一至六十七段，便首先描述了洗禮的儀式（包括洗禮中的聖餐〔baptismal Eucharist〕，在這儀式中，剛接受洗禮的基督徒首次參與聖餐)，之後描述星期日的崇拜。游斯丁的著作顯示出，聖餐包含誦讀聖經、講道、祈禱及分享餅與酒。(參補充資料)

游斯丁論聖餐

……禱告完畢之後，我們便彼此親嘴來祝賀平安。那時有餅和混合了水的酒，被送到眾弟兄的主席面前；他拿取它們，便以子及聖靈之名，將讚美及榮耀歸給宇宙之父，並用相當長時間，為我們配得在祂手中領受這些東西而獻上感謝。當主席結束禱辭和感謝辭之後，全體會眾便用阿們表示他們那喜悅的同意。……〔之後〕我們稱為執事的那些人，便將這已獻上感謝的餅和混了水的酒，一一分給在場的各位，也留給那些未能出席的人。(Justin, *First Apology*, 65; *New Eusebius*, 63～64；編按：譯文參考自章文新編：〈游斯丁第一護教辭〉，載《基督教早期文獻選集》，謝扶雅譯〔香港：文藝，1976〕，頁456～457，並稍作改動)

■《使徒傳統》

第三份文獻是另一份教會規條《使徒傳統》(*The Apostolic Tradition*)。這文獻包含一個比《十二使徒遺訓》及游斯丁的著作更為詳細關於洗禮的描述及日常禱告的指引。它也包括第一份存留下來用於按立典禮的禱告範例，這典禮是為按立三個在初期教會發展出來的基督教職事——即主教、神職人員及執事——而設立的。有關聖餐方面("Eucharist"〔聖餐〕一字來自希臘

文 *eucharistein*），《使徒傳統》除保留了主教用來為餅與酒祝謝時所用的那類禱告的範例（這禱告會在這一章較後部分被引述及討論）之外，它所提供的資料跟游斯丁著作的資料相似。

有關《使徒傳統》的成書日期及來源，眾說紛紜，但許多學者都認為，它是大約於公元二二〇年在羅馬成書的，並且它被視為屬於希坡律陀（Hippolytus）的著作——希坡律陀是一名神學家，約於公元二三五年殉道。在沒有明確的相反證據下，這可能仍是最可信的見解。

■ 其他資料來源

自二世紀後期到三世紀，我們有來自愛任紐、特土良、迦太基的居普良（Cyprian of Carthage，死於 258 年）主教及俄利根的證據。自四世紀起，可以獲取的證據就更多，但由於最早期的資料來源通常提供了最具啟發性的資料，以幫助我們了解初期教會對耶穌的回應，所以這一章會限於討論那些來自二及三世紀的資料來源的證據。

日常禱告

在我們查看初期教會的洗禮及聖餐之前，重要的是，我們要記得初期基督教敬拜上帝的基礎是日常禱告（daily prayer）的實踐。這是初期基督徒從猶太教所承襲來的宗教實踐，但它絕不是猶太人所獨有的。在異教徒的宗教環境中，私底下的及公開的禱告均已容易被理解及經常被實踐出來。那些源自最初期基督教的資料來源的證據顯示，日常禱告是由基督教的領袖所教導的。

所有基督徒也被要求參與這日常禱告，包括偶爾預備在晚上起牀禱告。他們也被鼓勵在每日中，數次停下工作，來感謝上帝及獻上他們的禱告。

《使徒傳統》中關於日常禱告的部分

在剛醒來起牀之時，在未開始工作之先，信徒就當向上帝禱告，之後就趕快去作他們的工。若在話語中得到任何指示，他務必要先處理這事及聆聽上帝的話。（*Apostolic Tradition*, Section 35; Alistair Stewart-Sykes, *Hippolytus. On the Apostolic Tradition* [New York: St Vladimir's Seminary Press, 2001], 156）

■主禱文

基督徒所稱為主禱文或「我們的父」的禱告——出於耶穌在福音書（太六 9 ~ 13；路十一 2 ~ 4）的教導——明顯自早期以來已是基督徒禱告的中心。《十二使徒遺訓》是第一部提及主禱文的用途的後新約聖經（post-New Testament）著作，它指示信徒當每日三次誦讀主禱文（*Didache*, Section 8）。後來在三世紀的時候，特土良、居普良及俄利根都就主禱文撰寫了註釋，這反映出主禱文的重要性。

特土良論主禱文

因它在文字上所受到的限制，它在意思上相應地是很豐富的。因為它不單包含禱告的獨特功能，即是對上帝的崇拜或人的訴求，它也是主所作出的整個論述，即祂的指示的整個記錄：所以毫不誇張地，全個福音的概要也包括在這禱告之中。(Tertullian, *On the Prayer*, 1; Ernest Evans, *Tertullian's Tract on the Prayer* [London: SPCK, 1953], 5)

或許，出乎所料的是：沒有證據顯示，當時主禱文成為日常公開崇拜的一部分，這跟私底下禱告的情況剛好相反。慣常的公開崇拜（除了聖餐之外的崇拜）主要基於教師或傳道人所作出的指引，以及基於唱誦那出於舊約聖經的詩篇。一直要到四世紀後，主禱文才被包括在聖餐的禮儀中。

洗禮

洗禮是一個代表著開始的儀式，藉著這個過程，歸入基督教者確認他們對耶穌的信仰，並且被接納為基督徒社羣中的正式成員。（至少這是**成人**洗禮的情形，這情形是初期教會中一種常見的形式，而在很多現存的證據中也有提及這情形。）當基督教為特別慶典發展出禮儀及禮拜儀式時，洗禮不單被視為一個以領洗者作為主角或接受者的行動，它本然是一種敬拜上帝及向上帝禱告的行為。

複雜的洗禮禮儀發展起來，當中牽涉一連串帶有不同目的之禱告。藉著把水倒在領洗者身上，或把他浸在水中，教會用水來給領洗者施洗。同樣地，教會通常在領洗者於水中受洗前或後用油去膏抹他，有時——正如《使徒傳統》所記——會在受洗之前及之後也用油去膏抹他。為了領洗者本人及（在實際施洗前或後）為了所做的事能有效地給領洗者帶來拯救及屬靈力量，教會需要在使用水和油以先禱告，以聖化那些將被使用的水和油。通常這些禱告會由主持洗禮的神職人員——在初期教會中，他通常就是當地社區的主教——作出，但有些地方也會由其他神職人員、領洗者的支持者（即那些見證領洗者願意為他或她的罪悔過並願意成為一名基督徒的教會會眾）或領洗者本人作出禱告。祈禱可能會伴隨著由主教把手按在領洗者身上的這個姿勢（有關這方面在新約聖經中的源起，參使徒行傳八章17節及十九章6節）。

主教為新領洗者的禱告

（伴以按手）

主上帝啊！你已經使他們藉著來自聖靈那重生的洗禮水而配得赦罪；求你賜恩典給他們，使他們可以照你的旨意服事你。但願榮耀在聖教會中歸於父、子和靈，從今時直到永遠，阿們。（*Apostolic Tradition*, Section 22; *New Eusebius*, 143；編按：譯文參考自章文新編：〈使徒遺傳〉，載《尼西亞前期教父選集》，謝秉德等譯〔香港：文藝，1962〕，頁277，並稍作改動）

除了禱告及所使用的水和油之外，洗禮禮儀的主要元素是領洗者所作出的信仰認信（confession of faith）。《十二使徒遺訓》關於洗禮的簡略記述並沒有提及這方面（比信仰認信多一點描述的是油的使用，但可能在如此早期的時候，這儀式還未開始施行），但游斯丁提及領洗者要贊同基督教教訓，暗示了信仰認信的存在（Justin, *First Apology*, 61, 65）。在《使徒傳統》中，領洗者站在洗禮水中回答神職人員向他或她提出的問

題。(參補充資料)

洗禮的查問

當那領洗者下水的時候，施洗者要把手按在他頭上，並應該這樣問：

你信全能的父上帝麼？

領洗者應該回答說：

我信。

於是施洗者要按住那放在領洗者頭上的手，給他施洗一次，然後問道：

你信耶穌基督，上帝的兒子，因著聖靈由童女馬利亞所生，在本丟．彼拉多手下被釘在十架上，死了，葬了，第三天從死裏復活，後升天，坐在父的右邊，將來必來審判活人死人麼？

當他回答說：

我信。

又給他施洗一次。施洗者再問他說：

你信聖靈，一聖教會，肉身復活麼？

領洗者要照樣回答說：

我信。

再給他施洗一次。

（*Apostolic Tradition*, Section 21; *New Eusebius*, 142；編按：譯文參考自章文新編：〈使徒遺傳〉，載《尼西亞前期教父選集》，謝秉德等譯〔香港：文藝，1962〕，頁 276，並稍作改動）

今日許多基督徒所熟悉的信經如〈使徒信經〉及〈尼西亞信經〉（它被這樣稱呼，是因為它最初的版本是在尼西亞會議中被通過的——參本書第八章），也是從這種洗禮的信仰認信中發展出來的。信經有三重結構，涵蓋對父、子及聖靈的信念並其他信仰條文。正如《使徒傳統》所顯示，這結構對應著洗禮的模式。從最初時期開始（參《十二使徒遺訓》），領洗者會被浸於水中或被澆水三次，以對應三一的三位位格。

聖餐

游斯丁為新約聖經就基督徒擘餅（徒二 42；二十 7）或分享主餐（保羅在哥林多前書十一章 20 節所用的辭彙）的聚會的證據作了補充。正如我們曾看過的，游斯丁描述了慶祝聖餐或領聖禮的方式，而這種慶祝的方式顯示出，在二世紀中期，教會已開始發展出一個正式的禮儀或禮拜儀式的程序。領聖禮不再是信徒所共享的膳食的一部分，而是一些被分別出來的東西。人們也相信領聖禮有著特殊的地位，而這特殊地位是衍生自耶穌在祂死前的那一夜設立聖餐時所說的話（可十四 22～25；林前十一 23～26）；在這些話中，祂說到餅與酒乃是祂的身體及血。游斯丁明確地引述耶穌設立聖餐的話作為證據，以指出聖餐的餅與酒不再是普通的食物，而是耶穌的身體與血（Justin, *First Apology*, 66）。保羅早已在哥林多前書十章16節說出類似的話（「我們所祝福的杯，豈不是同領基督的血嗎？我們所擘開的餅，豈不是同領基督的身體嗎？」），而路加福音的作者（路二十四30、35）解釋說，那兩位在通往以馬忤斯的路上遇見復活的耶穌的門徒，是在耶穌擘餅給他們吃之時認出祂來的，作者可能暗示著，聖餐就是初期基督徒在他們的崇拜中跟耶穌相遇之處。

■聖餐的禱告

隨著聖餐在初期教會中發展，聖餐禮儀的核心是由感恩禱告——這禱告是由主持聖餐的神職人員為著餅與酒而作出的——及隨後餅與酒的分享所組成的。正如洗禮一樣，主持聖餐的神職人員（游斯丁稱這人為「主席」〔president〕）通常是當地教會的主教。這個感恩禱告就是現代禮儀所稱的聖餐禱告（eucharistic prayer）或祝聖禮禱告（prayer of consecration）；它另一個傳統的名稱（天主教神學所用的）是彌撒常典（the cannon of the mass）。

由於游斯丁並沒有確實引述聖餐禱告——事實上，他暗示「主席」會即場作出這樣的禱告——我們除了知道當中有向上帝表達感謝之意，以致它被稱為感恩禱告之外，我們不清楚它還包含甚麼元素。但可能從三世紀起（例如在《使徒傳統》中；參後頁補充資料），耶穌設立聖餐時所說的話，後來被併入於許多教會的聖餐禱告之中。這是一個合乎邏輯的進程，考慮到聖餐是從耶穌在最後晚餐的言行而衍生出它的意義來的。

《使徒傳統》的聖餐禱告

願主與你們同在。

願主與你的靈同在。

你們心裏當仰望主。

我們心裏仰望主。

我們當感謝主。

我們感謝主是應當的。

上帝啊，奉你的愛子耶穌基督的名，我們感謝你；你在這末期差耶穌基督來到世上來，作我們的救主和你旨意的天使。祂是你那不可分離的道；你藉著祂創造了萬有，並且在祂裏面你感到全然喜悅。你從天上把祂差遣至童女的腹中，祂在她裏面成了肉身，由聖靈和童女而生，被彰顯為你的兒子。祂為要成全你的旨意，並要為你贏得一羣聖潔的子民，當祂來受難的時候，祂伸開手，以求藉著祂的死，釋放那些信你的人。

當祂被賣並甘心受死，為要廢掉死，拆斷魔鬼的鎖鍊，踐踏地獄，賜給義人光亮，設立疆界，並彰顯祂的復活之時，祂便拿起餅來，向你祝謝了，說：「你們拿著吃，這是我的身體，為你們捨的。」又拿起杯來，說：「這是我的血，為你們流出來的。你們每逢如此行，為的是記念我。」

所以我們既記念祂的死和復活，就向你獻上餅和杯，感謝你，因為你使我們配站在你的面前並服事你。

我們懇求你差遣你的聖靈降臨到你聖教會的奉獻上；懇求你把它們集合為一，使凡接受聖潔東西的聖徒，都充滿了聖靈，叫他們的信仰在真道上得以堅固；懇求你，我們可奉你兒子耶穌基督的名讚美及榮耀你；但願榮耀和尊貴，在聖教會中，藉著耶穌基督歸於父、子和聖靈，從今時直到永遠。阿們。

(*Apostolic Tradition*, Section 4; Jasper and Cuming, *Prayers of the Eucharist*, 35；編按：譯文參考自章文新編：〈使徒遺傳〉，載《尼西亞前期教父選集》，謝秉德等譯〔香港：文藝，1962〕，頁 267～268，並稍作改動)

■聖餐的奉獻

其他後期聖餐禱告的特點（再次，這首先見於《使徒傳統》），就是一個**記念**（remembrance）耶穌的死及復活的表達（參林前十一 24～25），以及一個把餅與酒（或聖餐的整個程序）向上帝**奉獻**（offering）的表達。這個奉獻的概念（有時稱為「獻祭」〔oblation〕）尤其重要，因為初期基督徒看他們整個生活，就是一個純全的或靈性的奉獻或獻祭（參羅十二 1），在這個過程中，崇拜擔當著一個重要的部分。《十二使徒遺訓》（*Didache*, Section 14；在本章較早部分曾引述過的）並非是惟一以這些辭彙來看基督徒崇拜的著作。愛任紐把那視聖餐為奉獻的概念，跟基督徒向上帝所發的感恩連繫起來——聖餐的餅與酒代表上帝在創造中給人的禮物，同時也代表著永生的屬靈禮物：

> 我們必須向上帝獻祭，以此方式在凡事上向創造者上帝表示感謝……這祭只有教會才能從創造主的創造中，存著感謝的心，向祂獻上純潔的祭……我們向上帝獻上祂自己的東

西，不自相矛盾地宣告肉體與靈性的相交及合一……至於來自地上的餅，由上帝祝福之後，它就不再是平常的餅而是聖餐，它兼具屬地和屬天的兩個部分，照樣我們的身體領了聖餐後就不再是易腐敗的，而是擁有了永生復活的盼望。（*Against Heresies*, 4.18; Bettenson, *Early Christian Fathers*, 95 ~ 96；編按：譯文參考自章文新編：〈愛任紐：反異端〉，載《尼西亞前期教父選集》，謝秉德等譯〔香港：文藝，1962〕，頁 128 ~ 129，並稍作改動）

隨著在聖餐的禱告加上像奉獻等元素（並且在整個聖餐中加上其他禱告及誦讀），而且隨著聖餐的神學解釋（如愛任紐的理論）的發展，最初本是耶穌與祂的門徒共享餅與酒的一頓飯，後來已轉化為一個複雜、經過仔細思量及具有重要神學意義的禱告及崇拜行為。

初期基督教崇拜的其他方面

■禮儀曆法

初期基督教從猶太教承襲了週年性的節日體系。猶太教的節日體系，其中部分跟猶太人的拯救經歷有關，即以猶太人慶祝出埃及的逾越節為開始；另一部分則是跟巴勒斯坦的農耕曆法的節令有關。這種關係並不出奇：把他們對他們自己的拯救歷史之看法——他們被上帝拯救或創造為一個宗教社羣的過程——跟他們對自然世界及他們日常生活的慶祝結合起來，在許多古時的宗教羣體中，這是很常見的。

基督教直接從猶太教借用了逾越節及五旬節。逾越節是當年耶穌受苦及復活的日子，所以它相等於基督教的復活節。猶太人的五旬節是在逾越節後七週，這日子就是基督徒慶祝那標示著使徒們開始就耶穌的死及復活作公開宣告的日子（徒二章）。

自從一世紀以來，復活節及五旬節這兩個節日也是基督徒所普遍持守的節日。它們是那個在後來世紀變得更複雜的禮儀曆（liturgical calendar）之核心。有些證據顯示，其中一個首先被加於年曆中的節日（或許是在二世紀末）是一月六日的耶穌受洗記念日——即今日西方基督徒稱為顯現節（Epiphany；這字的意思是「彰顯」〔manifestation〕）的那日子，雖然這日子有時仍跟耶穌受洗有關，但西方基督徒通常把這日子看為三博士或智者來訪嬰孩耶穌的週年記念。十二月二十五日慶祝耶穌誕生的那日子，首先在四世紀初期於羅馬被確定，而從那裏開始，對這節日的紀念漸漸延伸至其他教會。

儘管聖誕節和顯現節是既定日子的節日，但逾越節及復活節的正確日期卻是以春分（對於北半球而言）後首個滿月的日期來決定的。在教會歷史初期，基督徒繼續依靠猶太人計算曆法的方法來決定這節日的確實日期。但由三世紀開始，在羅馬及亞歷山太的基督教學者，開始自己進行那些必要的天文計算。復活節的正確日期是尼西亞會議其中一項討論的議題。

■對殉道者的頌揚

正如許多宗教一樣，基督教發展出一套跟殯葬及紀念離世者有關的崇拜形式。因為關於耶穌復活及永生應許的信念是基督徒信念的中心，所以他們進而會十分強調為那些逝世的人得以過渡到一個所期盼的來生而慶祝。

隨著這慶祝而有的是對非常特別的死者——即那些為他們信仰而捨命的殉道者——的紀念。自二世紀中期以來，基督徒便持守殉道者逝世的週年紀念日；在個別教會中，一個當地知名的殉道者的週年紀念日，會成為禮儀年（liturgical year）上其中一個最重要的日子。這是為何我們有時知道在整年內早期殉道者去世的日期，但卻不清楚有關的年分；關於這方面，傳統變得有點混亂（這問題與坡旅甲的殉道有關，參 *New Eusebius*, 29）。

殉道者節日的慶祝包括一頓共享的慶祝筵席，同時也會禱告及唱詩歌，或許也會有遊行。人們會讀出有關殉道者逝世的記述，而這段記述稱為**受難曲**（passion）。這類文獻成為後來聖徒傳記文集的基礎。

後來，在初期教會的歷史中（特別在四世紀，當時羅馬帝國的基督徒人數多了），記念殉道者的節日成為公眾假期；這些日子也成為基督徒跟異教徒發生打鬥的時刻，或者成為不同基督教羣體——彼此視對方為異端——之間打鬥的時刻。

■教會建築物

在最初時期，基督徒在家中崇拜。換句話說，基督教社羣的成員扮演著地方教會的主持人或贊助人（patron）的角色，並且他們提供地方作為崇拜之用——

那地方可能是他們仍然居住的房子，也可能是單單給教會使用的房子。有些房子在添置了合適的家俱如洗禮池、餐桌或為了守聖餐用的聖餐桌（altar）之後，便適合作為崇拜場所。但在大約三世紀下半葉之前，並沒有一些特別為崇拜而建造的建築物。

在四世紀初期，教會建築物已隨處可見。它們大多數採用的形式是：由細小房間圍繞而成的崇拜空間，而這些細小房間或許是給社羣中個別成員居住的，也是用來存放一些設備(那時包括銀燈座及其他裝飾品等設備)或一些提供給窮人的食物及衣服的。直至在君士坦丁皇帝於公元三一二年歸信基督教之後，我們才發現藉著基督徒把那被稱為長方形會堂（basilica）的建築物模式改建後，基督教的崇拜環境才變得更為公開。長方形會堂由一座大長方形的禮堂及側廊組成，每邊以一排排的拱門把側廊跟中間部分分隔開來。一座座宏大的基督教大教堂很快就在羅馬帝國許多城市中，成為其中一座最顯著的建築物。

基督教崇拜有許多其他新的發展都發生在四世紀，包括那些前往聖地朝聖及膜拜聖人或聖髑等行為。但在這個概括的介紹之後，現在是時候來具體地討論耶穌在初期基督教崇拜裏的位置。

在初期基督教崇拜中的耶穌

向耶穌禱告

向耶穌禱告是起源於最初期基督徒對祂作為復活主的經驗，也跟他們那關於祂的神性之信念有密切關係。

在傳統上，被賦予作為首位基督教殉道者這個稱號的司提反，記錄指出，他在逝世之時看見耶穌在天上的異象，而他可以向祂禱告說：「求主耶穌接收我的靈魂！」（徒七 59）若這是在歷史上可靠的記錄，它或許具有重大意義：保羅身處司提反殉道的現場，而當他看見了司提反回應復活的耶穌，這可能為保羅提供一些觀念，來解釋他在歸信基督教的時候所看見的耶穌異象（徒九 3～6）。即使初期基督徒不是期望經歷一個真實的異象，如聖經裏那些發生在司提反及保羅身上的異象，但類似的故事無疑會鼓勵他們向耶穌禱告，也許甚至鼓勵他們期望耶穌會在禱告中向他們說話。

有些初期神學家反對這一點，其中一位是俄利根。他認為，信徒向聖徒或甚至是一般人作出祈求或感謝，雖是恰當之舉，但在本來的意義上——為著某些只有上帝才可賜的東西而向祂作出祈求，並在其中結合讚美——只可向父上帝發出禱告（Origen, *On Prayer*, 14 ～16; Bettenson, *Early Christian Fathers*, 236～238）。耶穌不可以作為這些禱告的對象，因為祂自己在地上生活的時候也作出這些禱告（所以俄利根並不認為耶穌的復活在這方面給予祂一個新的身分）。然而同一時間，信徒若在耶穌**以外**（apart from）向父禱告也是錯的，因為耶穌是父與人類之間的中保，祂是那位向上帝獻上眾基督徒的禱告之「大祭司」。俄利根批評那些不認識這論點及那些向耶穌禱告的基督徒為愚蠢的基督徒。他認為，基督徒所當期望的，不單是一種跟耶穌有直接的及位格化的關係，而應該是一種跟父上帝本身有位格化的（雖然是經中介的）關係。

也許這是由一些批判——像俄利根所作的——所導致的結果，在之後幾個世紀的初期基督教中，很少證據顯示在洗禮及聖餐的禮儀中有向耶穌禱告的行動。有些例外的情況，例如在聖餐禮儀中那求寬恕的禱告，即〈求主憐憫文〉（*Kyrie eleison*；此乃「上主，垂憐」〔"Lord, have mercy"〕的希臘文）。也許向耶穌求寬恕的禱告似是特別合宜的，因為那是由耶穌把上帝的寬恕帶給基督徒的。但一般而言，在教會正規禮儀的處境下，所有基督徒的禱告及崇拜也是向父上帝發出的。這並不表示信徒不再向耶穌禱告，但這樣的禱告主要是信徒個人的及私底下作出的，例如向耶穌求救助、安慰或寬恕的禱告，是修道運動的重要部分，而這運動對於自四世紀起的基督教靈修學有著重要的影響。「耶穌，上帝的兒子，垂憐我這個罪人」，這是典型〈求主憐憫文〉的擴充版本，而在東正教會的修道生活中，它是其中一個最常見的禱告。

耶穌與洗禮

在初期教會中，多個理解洗禮的方式都是通行的，它們也是基於新約聖經一些重要的經文；當然，除此之外，那基本要點是洗禮是罪得赦免的途徑（參徒二38）。

■基督教的洗禮與耶穌的洗禮

第一個理解的方式，是一個按記錄在四卷福音書內耶穌本人的洗禮而塑造成的洗禮神學（baptismal theology）的範例。那時耶穌受施洗約翰的洗，當祂一出水面，聖靈以鴿子的形式降在祂身上，而上帝對耶穌說「你是我的愛子」(馬可福音及路加福音)，或上帝對旁觀者說「這是我的愛子」(馬太福音)。(在約翰福音內，那是由施洗約翰來見證耶穌是上帝所揀選的一位。)

耶穌的洗禮

- 馬太福音三章 13 至 17 節
- 馬可福音一章 9 至 11 節
- 路加福音三章 21 至 22 節
- 約翰福音一章 29 至 34 節

既然一個基於耶穌本人的洗禮而來的關於洗禮的理解，出現在基督教神學及禮儀中，它主要的元素是領洗者接受上帝的聖靈(在禮儀儀式上，這往往與使用洗禮油膏抹領洗者這行動聯繫起來)，並得以有分於耶穌跟父所享有的父子關係之中。俄利根是初期基督教思想的代表人物，他如往常一樣在這裏說：

> 聖靈的恩賜是以油的形象來表示的；所以悔罪者可能不只單單得潔淨，而且也被聖靈所充滿，藉此他也領受他以前的禮袍及指環，完全跟他的父復和，並且恢復兒子的身分。(Origen, *Homilies on Leviticus*, 8.2; Bettenson, *Early Christian Fathers*, 247)

(俄利根所指的禮袍及指環，是暗指耶穌所說的浪子的比喻〔路十五 11～32〕；在這比喻中，禮袍及指環是那位父親在他的任性兒子回家時賜給他的。)

在福音書較後部分（太二十 22 ～ 23；可十 38 ～ 40；路十二 50），耶穌的受苦及死亡被描述為一個洗禮，而祂的門徒將會有分於這洗禮之中。這並非是對「洗禮」這字一個隱喻式的用法，而是一個真正的標示，以顯出福音書作者對耶穌受約翰的洗之理解所具有的含義。洗禮預備基督徒來活出作為耶穌門徒的生活，以及預備他們面對因祂的名而受的苦，就如洗禮預備耶穌承擔祂身為一位教師的職事及那將要忍受的苦難。

所以，洗禮是基督徒被歸入或被收納為上帝的兒子的禮儀（參保羅在羅馬書八章 15 節的話——「所受的，乃是兒子的心，因此我們呼叫：『阿爸！父！』」），而耶穌的洗禮是基督徒洗禮經驗的典範，正如祂的生命是基督徒生命的典範一樣。有時候，有一條問題會被提出來：為何初期教會保留洗禮的習俗，但另一個衍生自猶太教的重要的入會性禮儀——割禮——最終卻被廢棄呢？關於這問題一個簡單回答或許就是：因著耶穌本人也受洗，它是一個具有重要神學意義的行為，而初期基督徒對他們的洗禮之理解，是跟祂的洗禮有關的。

■洗禮與耶穌的死與復活

我們在初期基督教神學中所找到另一個理解洗禮的方式，是基於保羅的思想的，尤其是基於羅馬書六章 3 至 11 節。保羅在這裏寫道：「豈不知我們這受洗歸入基督耶穌的人是受洗歸入他的死嗎？」而他繼續作出解釋，表明這個歸入耶穌的死，會轉化為有分於祂的復活，這過程也要求基督徒視自己為「向罪死了」。

在這個主張的背後有一個理念，就是人浸在水中之後再從水中起來的這舉動，是一個強而有力的記號，它代表著死亡、葬在墳墓及復活。（這種關於水的觀念是舊約聖經的主題，尤其可見於詩篇。在那裏，水象徵著所有可以壓倒及壓制那些忠貞敬拜上帝的人的東西，因而它同時是需要上帝提供釋放以脫離的東西：詩十八16，三十二6，四十六3，六十九1～2、14，一二四4，一四四7。）所以，從這方面來看洗禮，耶穌的角色就是作為那位死過並復活的主，而在洗禮中，藉著經歷浸入水中並從水中上來那象徵性體驗而傳遞出來的救恩，就是復活及與耶穌同在的永生。

■洗禮與重生

儘管第三個理解洗禮的方式通常聯繫於第二個方式，因為它依據一個類似關於水的概念，就是看水為一個更新的象徵；但第三個方式看洗禮是誕生或新生命的象徵。這觀念是基於約翰福音三章3至5節的，在那裏，耶穌談及要從「水和聖靈」而生，初期基督徒常以此作為洗禮的指涉。洗禮作為重生（或新生）這種聖經中的意象，可見於《使徒傳統》（*Apostolic Tradition*, Section 22），那是出現在前文曾引述過的那段後洗禮的禱文（post-baptismal prayer）之中的。這聖經意象也可見於游斯丁在《第一護教書》（Justin, *First Apology*, 61）關於洗禮的記述中。

在這幾個理解洗禮的方式之中，第一及第二個也強烈聚焦在耶穌身上，但其中一個著重有分於耶穌從上帝所領受的恩賜——聖靈、兒子的名分及為職事所作的準備——而另一個則較多思想有關有分於耶穌的死及復活之果效。在許多初期基督教神學家當中，這三個方式會被編織起來，成為那些與洗禮有關的聖經意象及象徵一個更複雜的神學探究：游斯丁及《使徒傳統》單單集中在洗禮作為新生這概念上，這是比較不尋常的。

所以我要強調的是，這些不同理解洗禮的方式，是以不同方式來與耶穌的形象關連起來的，以及特別是福音書內耶穌受洗的故事之重要性，它影響基督徒如何大致理解洗禮。由於在現代關於洗禮的神學著作中，對這方面的強調經常不足，所以重要的是，我們要記得當初期基督徒受洗的時候，他們是模仿著耶穌曾作過的事，並且他們期望在他們將要過的生活中，以某些形式來跟他們的主認同——在他們的基督徒生活中，這點或許比任何其他方面更為重要。

耶穌與聖餐

正如我們在較早章節所見過的，初期教會關於聖餐在神學及儀式上的發展，很大程度上是基於耶穌設立聖餐時所說的話。耶穌把聖餐的餅與酒跟祂的身體與血等同起來，並告訴祂的門徒「要如此行」(分享餅與酒)，「為的是記念我」(林前十一 24～25)。但是我們要緊記，耶穌這句向門徒說的話之背景，很可能是一頓逾越節的筵席。在路加福音關於最後晚餐的記述中，耶穌對祂的門徒說：「我很願意在受害以先和你們吃這逾越節的筵席。我告訴你們，我不再吃這筵席，直到成就在上帝的國裏。」(路二十二 15～16) 事實上，在路加福音二十二章 17 至 19 節，耶穌在分餅之前先為那杯酒祝謝，這也證實了最後晚餐 (至少在路加的解釋中) 是一頓逾越節筵席，因為在餐前分杯正是猶太人逾越節儀式的特點。

■聖餐與逾越節

這產生了一個有趣的問題。逾越節筵席的禱告有沒有影響基督教的聖餐禱告呢？當學者們對此問題的解答莫衷一是之際，有一個初期基督教的資料存在，它清楚顯示出聖餐禱告似是模仿猶太人的謝飯禱告，例如在逾越節筵席上所作的禱告。這資料是《十二使徒遺訓》，其中部分的聖餐禱文引述在補充資料內。

《十二使徒遺訓》的聖餐禱告

關於聖餐，當這樣祝謝。先拿起杯來說：「我們的父，我們感謝你，為了你兒子大衛的聖葡萄樹之故，這是你藉著你兒子耶穌向我們表明的；願榮耀歸於你，直到永遠。」關於所擘的餅：「我們的父，我們感謝你，為了生命和智慧之故，它是你藉著你兒子耶穌向我們表明的；願榮耀歸於你，直到永遠。這所擘的餅，當初曾散滿在山崗，而後聚合並成為一體，同樣，但願你的教會也從地極聚合起來，進入你的國：因為榮耀權柄靠著耶穌基督歸於你，直到永遠。」（*Didache*, Section 9; *New Eusebius*, 10）

你們吃飽之後，應感謝說：「聖父啊，我們感謝你，因為你賜你的聖名住在我們心裏，並且因為你將知識、信心與永生，藉著你兒子耶穌向我們表明；願榮耀歸於你，直到永遠……主啊，求你記念你的教會，救它脫離所有兇惡，用你的愛使它完全，使它從四方的風合而為一，得以成聖，進到你的國裏，就是你為教會所預備了的國。因為權柄榮耀都屬於你，直到永遠。（*Didache*, Section 10；*New Eusebius*, 10）

〔編按：譯文參考自章文新編：〈教規（十二使徒遺訓）〉，載《基督教早期文獻選集》，謝扶雅譯（香港：文藝，1976），頁 268，並稍作改動〕

這兩段內容很可能原本是兩篇不同但類似的聖餐禱文，而《十二使徒遺訓》的作者把它們作出編排，以致一篇在吃餅喝杯前使用，另一篇則在之後使用。每個禱告包含短短一連串的感謝或祈求的表達（它們在最後部分並以為教會禱告的形式出現），並以一句提到歸榮耀予上帝的疊句來加強效果。

這些禱告似乎很可能是模仿猶太人的謝飯禱告的。猶太人為到上帝創造世界及把以色列地賜給祂的子民而作出感謝的禱告，並這禱告以一個祝福的祈求來作結（關於猶太人禱告的引述，參 Jasper and Cuming, *Prayers of the Eucharist*, 7～12）。我們在《十二使徒遺訓》所見到的是，這樣的禱告已被基督教化，並成為一個指到上帝藉耶穌把拯救恩賜賜給教會的禱告。這並不叫人感到驚訝，當猶太基督徒以他們熟識的謝飯禱告來禱告時，他們會改編這些禱告來指涉那些屬於他們本身信仰核心的東西，即耶穌作為主及帶來拯救者的形象。

雖然《十二使徒遺訓》的禱告提及耶穌是上帝的兒子，並談論祂是帶來生命及知識者，但它沒有提及祂的死，也沒有暗示以遵守耶穌在最後晚餐上所說「要如此行」的吩咐作為基督教聖餐的基礎。然而，記念耶穌為基督徒所作的事，這是聖餐禱告的中心。所以，即使最後晚餐不被設想為當下所作的事之權威，但事實上分享餐上的餅與杯，仍是跟基督徒對耶穌代表他們所作的事之看法，有密切關係。

■聖餐神學的後期發展

《十二使徒遺訓》在存留下來的初期基督教文獻中是獨特的著作；《使徒傳統》則在反映聖餐禮儀及神學如何在往後幾個世紀的發展上，較具代表性。正如我們已見過的，它的聖餐禱告融合了幾個特質——設立聖餐的敍述、對耶穌的死及復活之記念、向上帝獻祭的行動——而這些特質差不多在所有後期的聖餐禱告中也可以找到。關於以耶穌設立聖餐的敍述作為依據或正式理由，特別有助證明現時在聖餐中所作的事，乃是遵守耶穌明確吩咐的表現（正如我們可以從《十二使徒遺訓》的例子見到，即使沒有明確展示這個元素，聖餐也可以一直發展下去）。

聖餐神學發展的另一步是，認為耶穌所說「這是我的身體」及「這是我的血」這兩句語錄真實地發揮祝聖（consecration）或變質（transformation）的作用，使聖餐中的餅與酒成為耶穌的身體及血，以致使聖餐變得有效。但這一步的發展要到四世紀才算完成（雖然游斯丁在《第一護教書》第六十六段那論到關於設立聖餐的敍述已很接近這一步）。然而，一旦這個關於耶穌的話之解釋開始具有影響力，那便開啟了另一個重要的神學發展，而這發展跟聖餐作為獻祭的概念是有關連的。

■聖餐的獻祭

由於聖餐藉那設立的話而連繫於耶穌的死，所以它可以被視為對祂的死之紀念，多於作為一個為祂所獻出的生命及所給予的拯救而作的一般感恩。同時，聖餐早已被當為一種奉獻或獻祭，因為基督徒給他們的崇拜所賦予的意義，就是把崇拜視作為一個純全或靈性獻祭的生命的一部分。(參本書頁 185)

一旦這些觀念得以結合起來，聖餐作為一個獻祭的觀念就開始發展起來；在這觀念中，耶穌在十架上的死亡作為為罪而獻的祭，藉著聖餐的施行者而獻給上帝。早在三世紀中期，已有人提出以這些辭彙來解釋聖餐，例如居普良：

> 若耶穌基督，我們的主及上帝，祂自己是父上帝的大祭司，以及祂首先把自己作為祭而獻給父，並吩咐人要這樣行來記念祂，無疑，當人重覆作出基督所作的事之時，祭司實在代替基督行事；而若他因看見基督自己已經獻祭而開始向上帝獻祭，他就是向父上帝獻上一個真正及完全的祭。(Cyprian, *Letter* 63.14; Bettenson, *Early Christian Fathers*, 272)

從這個角度看，聖餐作為一個獻祭的教義日漸變得有權威，到達一個程度——就是到了中世紀的天主教——人們普遍接受在聖餐中，基督在十架上的祭是為著個別羣體或基於某些舉行聖餐的原因，而確實再次被獻上的。

這並非初期基督教的發展，但在初期教會中，至少在居普良的時期，對耶穌在聖餐中的位置之解釋，與關於基督教崇拜作為獻祭行動那主要行為這個教義的發展，有著緊密的連繫。在新教的基督徒中，十六世紀宗教改革對聖餐作為獻祭的教義所提出的挑戰，導致產生一個新的重點——聖餐作為對耶穌的死之懷念或紀念。正如在這章開始時已指出的，在較為近代的教會中，天主教與新教均嘗試重新發現及理解在初期教會中一些跟崇拜的意義有關的東西。

8 耶穌——神性與人性

這一章會看看三一及道成肉身的教義成形的情況——這些教義於教會首四個世紀期間，在個別神學家如游斯丁、俄利根、亞他拿修及加帕多家教父的著作中，並在那代表著教會集體（若非一致同意）的神學思想的尼西亞及迦克墩會議的教義陳述中成形。

許多初期教會的神學家基於新約聖經的證據而視耶穌的神性為理所當然。今日有些人可能有理由想提出的那些問題（例如，耶穌那不可思議的誕生、預言的應驗、所行的神蹟及復活，這些事件的歷史證據是否具有足夠的可靠性，以用來證明祂神聖的身分），不會對初期教會的神學家做成困擾。即使老練的神學家如俄利根（關於耶穌的信念，他意識到那些與基督教相反的主張，例如，異教徒學者克里索〔Celsus〕所作出的挑戰），就耶穌的神性，他也把他的處理以耶穌的神蹟之證據及相關預言的應驗作為基礎。

然而，初期教會的神學家需要展示出，關於耶穌神性的信念是合理的，多於非理性的或愚昧的（俄利根特別關心要這樣作），而且他們也需要探究耶穌的神性那神學的含義。舉例說，他們必須決定耶穌是否一位有別於父的神聖存有（divine being；這會引起潛在困擾的問題就是：到底是否有兩位上帝），或耶穌只是父的顯現或能力（在持守獨一上帝的信念上這會容易些）；他們也必須決定在解釋祂作為人的本性上，耶穌的神性的含義：耶穌是神聖的，與此同時，祂只是似人、部分是人或完全是人呢？

按四及五世紀會議所作的決定，並非所有初期基督徒對這些問題之回答，都是屬正統的（即是「正確的思想」〔right-thinking〕）；有些基督徒所持守的信念在當時或在後來回顧時，被譴責為異端思想（即是這些信念只屬個人的「選擇」或「意見」，並非教會的信念）。

神學的歷史被一些聽來可怕的辭彙如「幻影說」（docetism）、「嗣子論」（adoptionism）、「神格唯一論」（monarchianism）、「聖父受苦論」（patripassionism）及「撒伯流主義」（Sabellianism）弄得十分淩亂——這還未提到四及五世紀的異端如亞流主義（Arianism）、亞波里拿流主義（Apollinarianism）及涅斯多留主義（Nestorianism）——這些辭彙幫助學者把那些在初期教會所流行的、關於耶穌的神性及人性的不同解釋分門別類。這些術語是自二世紀開始，在基督徒中間那劇烈爭論之見證，而在這些爭論中有許多內容仍是今日我們所關注的。

爭論的開始

耶穌的人性

在接近二世紀初的時候，安提阿的伊格那丟說耶穌是「在人裏面的上帝，在死亡裏的真生命，馬利亞的兒子，也是上帝的兒子」（Ignatius, *Ephesians*, 7; *New Eusebius*, 13；編按：譯文參考自章文新編：〈伊格那丟達以弗所人書〉，載《基督教早期文獻選集》，謝扶雅譯〔香港：文藝，1976〕，頁50，並稍作改動）。他明確指出耶穌是上帝，這在神學發展上較新約聖經任何東西都走得更前。但他既確信耶穌的人性，也確信祂的神性——祂在肉身上的誕生及在十架上的受苦，是可以跟那把祂說為具有神聖源頭（即指祂在成為人之前是上帝的兒子）的說法兼容並蓄的：他甚至描述耶穌的死為「我上帝的受難」（Ignatius, *Romans*, 6）。

可是，伊格那丟知道，有些基督徒否認耶穌曾出生、如常人一樣吃喝或真的受苦並死在十架上（Ignatius, *Trallians*, 9～10; *New Eusebius*, 14～15）。這些觀點之存在——被稱為幻影說——證明，有些二世紀的基督徒感到難以使那些關於耶穌的人性及神性的信念和諧一致，因而看重祂的神性。幻影說也被約翰壹書（約壹四2～3）譴責——約翰壹書雖是新約聖經的一部分，但它可能跟伊格那丟書信的日期差不多。

幻影派的觀點明顯在教會中維持了一段時間，因為它們被幾位在伊格那丟之後的二世紀神學家批判。這些觀點也是基督教部分諾斯底派（gnostic）版本的典型，而這諾斯底版本是日漸建立起來的正統基督教教導的重要對手。

據稱二世紀的諾斯底派領袖巴西利得（Basilides）相信，耶穌是一種「無形體的力量」，並可隨己意而改變其外貌，因而，那被釘在十架上的其實是古利奈人西門而不是耶穌（有關的描述可參：Ireanaeus, *Against Heresies*, 1.19, in *New Eusebius*, 76～78）。然而，幻影派的觀點被大多數的神學家所拒絕，因為它明顯與福音書對耶穌在世生活及受苦之描繪相違。

耶穌作為上帝的道

正如我們在本書第一章所見，「上帝的道」是二世紀神學家用來理解耶穌其中一個最重要的方式。「道」（Word）即是希臘文的 *logos*，後者也可以被譯為「言說」（speech）或「理性」（reason）。洛格斯（Logos；編按：或譯「道」）這個稱呼可見於約翰福音，而伊格那丟也使用這稱呼，因為耶穌是「〔上帝的〕兒子，是上帝的道，從靜默而出，祂在萬事上都令那差遣祂來的稱心快意」（Ignatius, *Magnesians*, 8; *New Eusebius*, 14；編按：譯文參考自章文新編：〈伊格那丟達馬內夏人書〉，載《基督教早期文獻選集》，謝扶雅譯〔香港：文藝，1976〕，頁 60，並稍作改動）。但是，耶穌是上帝的道，這概念只有在游斯丁的著作及其他二世紀中至末的基督教護教士的著作中，才真正得以確立起來。

游斯丁論洛格斯

（Bettenson, *Early Christian Fathers*, 60, 62～63）

只是耶穌基督才是上帝惟一的兒子，祂早已是上帝的

> 道，是上帝首生的和祂的能力；祂按照上帝的旨意而成了人，並給予我們關於悔改和復興人類的教導。（Justin, *First Apology*, 23；編按：譯文參考自章文新編：〈游斯丁第一護教辭〉，載《基督教早期文獻選集》，謝扶雅譯〔香港：文藝，1976〕，頁423，並稍作改動）

> 〔上帝的〕兒子（惟有祂才配稱為兒子；即那個跟上帝同在並在創世前被生的道，也是那位在太初時上帝藉著祂創世及安置萬物的道）被稱為基督。（Justin, *Second Apology*, 5）

> 任何人所正確地說的話皆屬於我們基督徒的，因為我們貼近上帝來敬拜及愛慕洛格斯——即從非被生的及難以言說的上帝而來的那位。由於祂為我們的緣故而成為人，成為我們的苦難的分擔者，以致祂也給我們帶來醫治。所有那些〔異教的〕作家，藉著那種植在他們裏面的洛格斯種子，便能夠朦朧地看見實在。（Justin, *Second Apology*, 13）

把耶穌跟上帝的洛格斯——這被中期柏拉圖派哲學家理解為一種神性力量或活潑地貫乎萬物的規律性原理——等同，是二世紀基督教最顯著的神學進展。它所帶來的後果是，耶穌被奉為上帝在創造中所有作為之中心，也是上帝跟世人的關係之中心。上帝透過這同一個神聖的道來創造宇宙，也使用這道透過先知和藉著上帝在舊約聖經中向亞伯拉罕和摩西所作的啟示，來跟人類溝通——正如游斯丁所說，這同一個道也是成為肉身並在耶穌裏跟人類說話、分擔我們的苦難、作教導及醫治的那一位。

所以，洛格斯的教義有助基督徒在理性上、同時也在經驗上，把耶穌定位於他們信仰的中心。除了作為一位復活主以指引及管治教會之外，他們也可把耶穌看為上帝跟人類所有交往之焦點，視祂的一生為在歷史上、上帝以最清楚的形式跟人交流的時刻。正如愛任紐這樣說，上帝的「真實本性和廣大，是不能被受造者發現或描述的，然而祂並非是不可知的。因為一切受造者，藉著上帝的道，就知道有一位父上帝，祂掌管萬有，並使萬有存在。」(Irenaeus, *Against Heresies*, 4.20; Bettenson, *Early Christian Fathers*, 75；編按：譯文參考自章文新編：〈愛任紐：反異端〉，載《尼西亞前期教父選集》，謝秉德等譯〔香港：文藝，1962〕，頁 133，並稍作改動）

「洛格斯—教義」(Logos-doctrine) 也具有護教的價值。它有助顯示出基督教有關耶穌的教導是跟上帝在舊約聖經的啟示有連續性的——在跟猶太人爭辯時，這是很有用的論據（游斯丁的《與特來弗對話》便主要集中在這點之上）；這論據也同樣適用於跟諾斯底主義者的爭辯中。大部分諾斯底主義者視舊約聖經為一位次等的上帝——即物質世界的創造者——之啟示，而非來自至高的上帝，即耶穌的父，所以他們拒絕接受舊約聖經。游斯丁也發現，「洛格斯—教義」在他反駁異教徒的論戰中也是很有用的。藉著視洛格斯在成肉身前不單活躍於上帝所啟示的聖經故事中，也遍及那些凡有人尋求有關上帝真理的人類宗教及文化之內，游斯丁就可以聲稱（參頁本書頁 204 ～ 205 的補充資料），一切異教徒哲學所教導的價值也屬於基督教——是上帝在耶穌裏所完全的啟示的一部分。當然，異教徒的錯誤乃在於他們對自己所領受的真理那錯誤的解釋或歪曲。

■道，那第二位上帝？

洛格斯是父上帝（祂本身是看不見及超於人類所理解的）與創造之間的中介者（mediator），是上帝的使者或助手，上帝藉著祂創造了世界。這是否表示洛格斯就是在父以外第二位上帝？

游斯丁與幾位其他初期神學家並不回避把道在這方面說成是「另一位上帝」（another God）或「第二位上帝」（a second God）。只要持守父作為所有神聖存有及力量的來源的首要性，他們就不認為基督徒所認定的一神論受到威脅。然而，其他作家如愛任紐則傾向不使用這種語言，並且更多著重父與子的合一。「洛格斯」這辭彙意味著，子是父自己的意志（mind）或存有的一面，而這一面是跟父有所分別（正如人的說話有別於那產生它的思想）、但卻永不會跟父分離的。所以迄今為止，基督教神學家不常把父及子視為兩個不同的神聖位格（divine persons）；把父及子視為兩個不同神聖位格的這觀念得以普遍被接受，是基督教在三世紀發展的結果。

洛格斯作為中介者

道為了人的好處而作了父那給人的恩典之管家。為了人類，道作成祂那拯救的工作，將上帝向人展示，並將人領到上帝面前。祂也護衛了父的不可見性（invisibility），免得人藐視上帝，這又使人常常有進步的目標。與此同時，祂以可見的形式，透過祂很多中介的行為，向人展示上帝，免得人完全脫離上帝，就不復存在了。（Irenaeus, *Against Heresies*, 4.20; Bettenson, *Early Christian Fathers*, 75～76；編按：譯文參考自章文新編：〈愛任紐：反異端〉，載《尼西亞前期教父選集》，謝秉德等譯〔香港：文藝，1962〕，頁 133，並稍作改動）

另一些洛格斯神學

雖然把耶穌視為父以外另一位或第二位上帝的談論，最終從基督教正統的詞彙中被剔除，但耶穌作為洛格斯的這個教義，成了三一教義在三及四世紀發展時的基礎。但在二世紀仍有人提出另一些關於耶穌的觀點。

■ 嗣子論——耶穌只是凡人

游斯丁知道，有些基督徒相信耶穌並非先存的上帝兒子，而是一位被上帝揀選而成為彌賽亞或基督的人類（Justin, *Dialogue with Trypho*, 48）。這樣的觀點後來在二世紀持續存在，在那時，它特別跟兩位稱為狄奧多士（Theodotus）並活躍於羅馬的領袖聯繫起來。他們的跟隨者否認耶穌的神性，而且堅持耶穌是一位義者（即祂遵守猶太人律法），並且上帝的靈或能力在祂受洗時降在祂身上。他們更加聲稱，這一向是羅馬教會的傳統教導，直至後來的二世紀為止。在二世紀後，耶穌才開始被稱為上帝（參 *New Eusebius*, 143～145）。

像這樣的觀點通常被稱為「嗣子論」，因為它們否認耶穌生下來就是上帝的兒子。二世紀的嗣子論者可能被一種渴望所驅使，而這渴望就是要認真對待福音書那關於耶穌順服父及祂的受洗改變祂在上帝面前的身分之見證。但是值得注意的是，並非所有的嗣子論者也否認耶穌是由童女所生的——他們可以一貫地維持這個觀念：一方面認為耶穌的誕生是不可思議的，而這指明祂是一位特別的人；但另一方面認為祂不是神聖的。同時，並非所有的嗣子論者也是那些遵守舊約聖經律法、並對彌賽亞是一位人類這觀點深信不疑的猶太基督徒——雖然有些人（從二世紀開始被稱為伊便尼派〔Ebionites〕）很可能有這背景。凡因洛格斯教義意味著第二位上帝的存在而不喜歡這教義的人，嗣子論的教義都是開放給他們的另一選擇。

■神格唯一論——耶穌是父在人身內

另一羣不願意接受洛格斯教義的神學家，是那些被稱為神格唯一論者的神學家。一位神格唯一論派領袖挪威都（Noetus），在二世紀末期於小亞細亞的士每拿作教導的工作。正如嗣子論一樣，神格唯一論也曾似是一些羅馬教會的信徒所持守的觀點，而在撒伯流（Sabellius）——一位三世紀初期的神學家而我們對他所知的不多——出現之後，神格唯一論就在羅馬教會被稱為「撒伯流主義」。

挪威都的教義的基礎似乎已是：耶穌是那可見的父本人，而非一位分別出來的神聖位格。他很可能不認為，道成肉身是可以理性地以一些來自哲學的辭彙來解釋的（這是洛格斯教義試圖去作的其中一件事），他確實不滿意洛格斯教義的含意，就是指到父的神性以外還可以有別的神性。然而，挪威都的反對者很快就抓著他的教導那一個明顯的後果，並且指控他為那被稱為「聖父受苦論」的異端（參 *New Eusebius*, 145～146）。

特土良的貢獻

在三世紀初，特土良撰寫了《反駁帕克西亞》（*Against Praxeas*）——即一份為洛格斯教義辯護及反駁神格唯一論及聖父受苦論觀點的文獻。為要辯護洛格斯教義，特土良需要證明上帝的統一性並沒有因相信子及靈是不同的神聖存有而受到威脅。（特土良是其中一位最早的神學家擴展父與子的關係之討論，以把聖靈考慮進去，因而使他的神學明顯是三一式的。）

為要達到這目的，特土良創出一些至今仍被使用的神學術語：他指到，三一是三個分享共同神聖本體（divine substance）的位格。他主張，三個神性位格可以分享一個神性本性（divine nature）或本體而不會把它分割，但在這情況下，三個位格卻是真實地互有分別的。本體的統一性回答了神格唯一論者那關於洛格斯教義會威脅一神論的憂慮；位格的區分則確保避免了聖父受苦論所帶來的危機。為要對聖父受苦論作出一點反駁，特土良也主張，在耶穌裏有兩個本性——神性和人性——而其中受苦的只有人性而非神性的道（Tertullian, *Against Praxeas*, 29; Bettenson, *Early Christian Fathers*, 122～123）。這個關於神性與人性的區分，成為在五世紀中一個產生分歧的重要源頭。

就特土良如何表達父與子之間那複雜的關係，包括兩者的相同及不同之處，以下的段落表達出他的特點：

> 換言之，所有皆是藉著本體的統一性而為一〔神格〕；但同時，這一仍捍衛著「經世」（economy）的奧祕，就是把統一性置於三一之內，即按次序排列三個位格——父、子及聖靈——祂們是三，乃在於程度上而非質素上，在於形式上而非本體上，在於彰顯上而非力量上……因為上帝是一，而那些程度及形式也是由祂所指定的。（Tertullian, *Against Praxeas*, 2; Bettenson, *Early Christian Fathers*, 134）

隨著特土良的著作出現（他為洛格斯的教義所作出辯護，以及把聖靈納入同一個神學體系中），就三一教義所作的第一期辯論，便可以說告一段落。「作為神聖洛格斯的耶穌成為人」這個教義得以確立，而幻影派、嗣子論者及聖父受苦論者的觀點，則已在很大程度上被教會拒絕。

俄利根及他的繼承者

俄利根在三一教義上的貢獻是重要的，卻又是十分複雜的。在許多方面，他的神學接近於游斯丁的神學，包括使用「第二位上帝」這辭彙來確立子有別於父的特殊性（Origen, *Against Celsus*, 5.39）。洛格斯是上帝在創世及啟示中的代理（agent）——而且不限於此，洛格斯是受造的存在物（created beings）所擁有的一切理性及美德的源頭。這觀念近似游斯丁所相信的：所有真理（無論人類在何處發現的）也是洛格斯活動的結果。然而在某幾方面，俄利根從一個新的方向來發展洛格斯的教義。

位格的區別

俄利根意識到前一個世紀那些神格唯一論派的觀念，而他也熱中於反駁它們。父跟子的區別不單在於表象（appearance）上，而是一「存在」（existence）或「實在」（reality）之分別——在希臘文中，*hypostasis*（編按：或譯「位格」或「本質」）是一個難以翻譯的辭彙。

若父及子是真實存在的存有，祂們怎樣彼此關連起來呢？子又如何彰顯父呢？俄利根寫出以下一段說話：

> 祂們是兩個不同的位格，但在思想統一性上、協調上及意志的相同性上是一體的。所以凡看見那「上帝榮耀所發的光輝，表現出上帝位格的形象」〔參來一3〕的子，就是看見在祂裏面的上帝——子就是上帝的形象。（Origen, *Against Celsus*, 8.12; Chadwick, *Origen Contra Celsum*, 460～461）

在這段落中有兩個觀念是俄利根關於三一的思想之特點。第一個觀念是，父及子的統一性就是思想（mind）及意志（will）的統一；俄利根並不認為，約翰福音十章30節（「我與父原為一」）需要神學家在思想及意志以外，再確立任何東西——其實這樣做也是危險的，因為它冒著否認位格的分別之危險，並冒著掉進神格唯一論派的圈套之危險。

第二個觀念是，子是父的形象。俄利根發現，「形象」這個聖經辭彙（參西一15），是最有用的方法來宣稱父及子之間的相似性及差異性。形象的概念容許子分享父的屬性（例如美善及智慧），而同時又跟父有所分別；這概念也顯示出，即使父使這位在許多方面都跟祂自己相同的子存在，但父也有著祂的優先性：

> 宇宙之上帝和父不是那惟一偉大的存有；因祂會把自己連同祂的偉大，與祂的獨生子分享，就是那位在一切創造以前首生的。兒子既然是那不可見的上帝的形象，祂也就能保存父那關於祂的偉大的形象。因為一個可以說按正確比例的、又美麗的上帝形象，也不能不顯露出祂的偉大來。（Origen, *Against Celsus*, 6.69; Chadwick, *Origen Contra Celsum*, 383；編按：譯文參考自章文新編：〈闢克里索〉，載《亞歷山太學派選集》，楊懋春譯〔香港：文藝，1962〕，頁247，並稍作改動）

■次位論

在四世紀，當尼西亞會議把父及子的統一性定義為本體（希臘文為 *ousia*）的統一時，俄利根所提出那關於子作為上帝形象的教義，後來被很多神學家視為不足以解釋子跟父的等同性（equality），而他的三一教義更被譴責為屬於次位論派的（subordinationist）——即相信子和聖靈較父次等的相關教導。

俄利根確實是較多保持著一個神聖存有的等級制度之存在的，並以父作為子及聖靈的起源以及在某幾方面父都比後兩者更超越，而非相信嚴格同等的三一（equal Trinity；從俄利根著作所見的例子，可參 Bettenson, *Early Christian Fathers*, 232 ～ 235）。然而，俄利根並沒有意圖貶低子或否認祂的神性（也沒有意圖對聖靈作這樣的事）：形象的教義並不表示子是父那粗糙的複製品，而是一個映照父的質素的反射（reflection）。俄利根說，子甚至映照出父的「不可見性」（Origen, *Against Celsus*, 6.69）——即是說，事實上父是難以被人類思想所察覺的。當上帝想彰顯祂自己的時候，祂並不是差派一位次等的、其本性易於被人類所掌握的存有，而是差派祂自己的兒子，就是上帝藉以創造世界的那位。即使在耶穌身上，要理解上帝的啟示，人也需要自律及智性的努力。（本書第六章曾提及，俄利根對於基督徒生活抱有高度苦修式的態度。）

永恆受生

俄利根相信，父在時間開始之先便使子存在——即沒有片刻是只有父而有子的。可是，並非所有初期神學家也相信這一點。例如，特土良似乎認為，只有在上帝揀選要在洛格斯的協助下來創造世界時，洛格斯才成為有別於父的位格（Tertullian, *Against Praxeas*, 5 ～ 7; Bettenson, *Early Christian Fathers*, 118 ～ 120），而游斯丁也可能抱持類似的觀點。俄利根卻拒絕接受任何類似的觀念，因為這觀念暗示在上帝裏面有改變，這抵觸了神聖的非動情性（impassibility）這個信念——非動情性就是俄利根在柏拉圖哲學的影響下所採納的教義。

實際上，那關於子跟父永恆地存在的信念，對於俄利根來說，仍未足夠。他主張，父使子存在（在傳統的語言中，就是受生〔generation〕或生產〔begetting〕），這並非在一瞬間發生——即使在一段難以想像地長的時間之前或在我們所知的時間開始之先——而是被視為一種永恆的關係，即一些經常在進行中但永不完成的東西。俄利根承認，以這種方式來言說是難以理解的，因為在談論人類或動物上，我們不會以這種方式來理解父跟子的關係。正如俄利根在他最重要的著作《論首要原理》（*On First Principles*）中所說：

> 人的思想不能理解那非受生的上帝如何成了那獨生子的父。因為子的出生是那永恆的和不間斷的受生（eternal and ceaseless generation），猶如光源所生的光線一樣。（Origen, *On First Principles*, 1.2; Bettenson, *Early Christian Fathers*, 231；編按：譯文參考自章文新編：〈教義大綱〉，載《亞歷山太學派選集》，朱信原譯〔香港：文藝，1962〕，頁 278～279，並稍作改動）

俄利根相信（事實上是錯誤的），太陽在本身沒有損失下永恆地發出陽光（他不知道太陽只有有限的氫氣貯備以作為發光的燃料）。這使光源（例如太陽）跟光線的關係——它提供了一個適切的類比——有利於說明關於上帝的理解，就是說，上帝經常使子存在，但又沒有構成任何對祂自身的損害，沒有減少祂任何力量及改變祂的本性。

這個被稱為永恆受生的教義，成為在四世紀的正統神學中被確立的部分。在支持上帝那不變性（unchangeability）的見解之時，這教義也使父跟祂的子之間的關係，成為父本性的一個特色：擁有一子，是上帝成為祂之所是的部分意思，而非一些祂可以選擇去作或不作的事情。那些如特土良的觀點則被教會廢棄。

俄利根之後的三世紀

在俄利根於公元二五四年逝世後幾年，有兩件關於洛格斯教義的爭論事例，其中一件是某種形式的嗣子論的復興，而這復興是由安提阿主教撒摩撒他的保羅（Paul of Samosata）——他因自己的教導而被兩個主教會議所譴責——後來於公元二六八年所發起的。他觀點的明確特點並不完全清楚，但他似乎持有一種觀念，即耶穌是那位被神聖洛格斯所內住或靈感的人；或許他也相信，洛格斯並不是一個不同的位格，而只是上帝的一種力量。

第二件爭論事例則較有意義，那是關於一位神學家的：身為俄利根的跟隨者，他沒有承繼俄利根在子跟父的區別性與兩者的相似性或相同性中間所保持的平衡。亞歷山太的狄尼修（Dionysius of Alexandria；於公元247～264年任主教），被那跟他同名的人羅馬的狄尼修（Dionysius of Rome；於公元259～268年任主教）指責為不信父、子及聖靈為一個位格，而且也被指責在用語上暗示，上帝的兒子是受造的存有（實際上，即是天使）而非神聖存有（參 *New Eusebius*, 252～253）。

亞歷山太的狄尼修否認這些控罪，但在他有關洛格斯的教導中，他很有可能已離開了俄利根關於子作為上帝形象那永恆受生的教義，而達到一個接近次位論派的立場。但另一方面，羅馬的狄尼修的觀點亦顯示出，並非所有神學家也滿意俄利根那關於父、子及聖靈那不同位格（或以特土良的用語是三位位格）的信念。這些分歧為到四世紀有關三一的爭論設下了場景。

尼西亞會議與四世紀

亞流的神學

引發起尼西亞會議的這個爭論，是由亞歷山太的神學家亞流所促使的。亞流是一名神職人員，他的觀點跟他的主教亞歷山大（Alexander；於公元 312 ～ 328 年任亞歷山太主教）的觀點抵觸。雖然這場爭議在亞流逝世（公元 336 年）後依然持續，但為了方便之故，這場爭論仍可被稱為「亞流爭論」（Arian controversy）。亞流的觀點只能從幾封簡短的信件及他在爭論中所寫的一首神學詩（《宴會》〔*Thalia*〕）的摘錄而得知，但這些已足以顯示出他的教導之性質（參 *New Eusebius,* 324 ～ 327, 330 ～ 331；以下內容也是建基於這資料來源的）。

亞流拒絕接受上帝的兒子跟父是「同永的」（co-eternal），並且他主張，子必是在某一刻形成的，而在此刻之前祂並不存在。父憑祂意志的行動及（像宇宙一樣）從無到有地生出子。對亞流而言，繼續維持主張子是受造的存有，是合乎邏輯的。亞流強調這點，是因為他並不相信子分享到父自己的本性：接受這一點將會把上帝分割，並且會維持主張有「兩個自有的存有」(two unoriginated beings)——即有兩位至高的上帝，這是沒有可能跟一神論調和的。他也否認子跟父是「本體相同」(of one substance)或「同質」(consubstantial；希臘文為 *homoousios*)的。

亞流的動機明顯是要維持主張上帝的統一性及父的獨特性。這並不表示他拒絕稱子為「上帝」，或表示他維持主張祂是「跟我們相似」——例如具有「可變性」或能犯罪的(雖然亞流的反對者很快就提出這指控)——的受造物。他認為子在各方面皆比人類超越，祂是一名「完美的受造物」(prefect creature)。祂是上帝與創造的中介，人類藉著祂領受拯救的祝福。然而，祂不會分享到上帝的本性或質素，而祂本人對父的認識也只是不完整的，不及父對祂自己的認識。

亞流論作為中介的子

上帝本身在本質上，對於任何人而言，也是不可言喻的。

惟獨祂沒有相同也沒有類似的東西，在榮耀上是沒有可比擬的。

我們因著那位在本性上是被生成的，以致稱祂為非生成的；

我們因著那位有開始的，以致把祂視為沒有開始的那位而向祂唱詩歌；

我們因著那位生在時間中的，以致尊崇祂為永恆的；

那位沒有開始的指派子作為生成萬物之開始……

對於上帝而言，子在祂主要的屬性中沒有獨特之處，因為祂既非等同上帝也非跟上帝同質。

（The *Thalia*; *New Eusebius*, 330～331）

尼西亞大公會議

亞流爭論從一場地方爭拗——即一位神職人員指控他的主教是維持主張子永恆受生的「異端」——開始，到後來成為整個教會關注的事件，皆因亞流向埃及以外的巴勒斯坦及小亞細亞的主教懇求支持。

在這事之後不久（公元324年），自公元三〇六年起已擁有部分羅馬帝國統治權的君士坦丁皇帝，終成為獨一統治者，並首次管理東部的省分。他在公元三一二年歸信基督教，自此以後，他便介入帝國西部省分那些不同基督徒黨派之間的爭拗（尤其是在北非那裏）。他要在東部省分達至的目標是確保教會保持合一，並確保皇帝不用面對一個情況，就是需要在所有聲稱擁護皇室、而又互相敵對的基督徒羣體中作出抉擇的這一問題。

在公元三二五年五月，君士坦丁召集超過二百位主教出席在小亞細亞俾提尼亞（Bythinia）舉行的會議，即尼西亞會議。由於出席會議的人數、也由於它是第一個制定出一份被所有主教同意的信經的教會會議，所以尼西亞會議最後被接受為教會的第一個全體（general）或大公（ecumenical）的會議——在理論上，這會議的權威對所有基督徒也有約束力。

■信經

雖然有三份由參與會議者所撰寫的關於尼西亞會議的報告存留下來，還有幾封信件，以及由主教們所列的

「法規」或規條的清單（參 *New Eusebius*, 338～344），但它們並沒有給我們一幅整全的圖畫，所以我們不清楚在會議上確實發生過怎樣的爭論。我們所擁有最能顯示這次會議的教義立場的證據，就是尼西亞信經本身，所有出席該會議的主教也被要求在這信經上簽署以表認同。

雖然〈尼西亞信經〉是基於那種在洗禮儀式中被使用的信經而寫成的（參本書第七章），但它被修改以顧及對亞流的教導回應。〈尼西亞信經〉把亞流的教導在最後所附加的「絕罰」（anathemas；即受譴責的陳述）中列明。（這絕罰的內容取代了信經中第三段那關於聖靈及教會的大部分內容；聖靈與教會的問題並非尼西亞會議的爭論焦點。）信經中有幾點強調了對亞流觀點的拒絕：子是「出於父的本體」——即祂並非「從無而成」而是分享著上帝本身的本性及存有；祂是「受生而非被造」——即祂跟所有受造物不同；稱祂為上帝的兒子並非是一個修辭手段，而是一個標示，以顯示出祂跟父那獨特的關係，而這關係並不取決於父的旨意，正如父對受造物與上帝的關係的旨意那樣。

〈尼西亞信經〉（公元 325 年）

我們信獨一上帝，全能的父，
創造有形無形萬物的主。

我們信獨一主耶穌基督，
上帝的兒子，
為父所生，
是獨生的；

即是出於父的本體，

出於上帝而為上帝，出於光而為光，出於真神而為
　　真神，

受生而非被造，

與父本體相同（*homoousios*）；

天上及地上的萬物都是藉著祂造的；

為著我們世人和為著我們的救贖而降臨，

並成肉身，而為人，

受難，第三天復活，

並升天，

將來必降臨，審判活人和死人；

我們信聖靈。

但有些人說「有一刻祂不存在」及「在祂被生之前祂並
　　不存在」，

並假裝上帝的兒子是從無而形成，

或是出於另一個位格（*hypostasis*）或本體（*ousia*），

或是可改變或可修改的。

大公及使徒教會都要強烈譴責這些說法。

■「本體相同」的重要性

可是，〈尼西亞信經〉中最重要的字詞是「本體相同」（*homoousios*），它可能是基督教教義史中最出名的字詞。它暗示著父與子在本性或存有上的統一——這是由特土良發展出來的觀念，為要確立上帝的統一性並不抵觸三位神聖位格的存在。正如我們曾見過的，這個主

張並不為俄利根採用，他傾向談論父及子的統一性為思想及意志的統一；這主張亦明顯被亞流拒絕，也被亞歷山太的狄尼修拒絕（那跟他同名的羅馬的狄尼修便在這點上攻擊他）。藉著使用那個曾被這三位亞歷山太的神學家所拒絕的辭彙，尼西亞會議改變了基督教教義的方向，並確保父跟子的統一性及等同性，優先於任何形式的次位論，或優先於（在亞流事件中）那為維護父的獨特性而貶低子至受造物身分的渴望。

尼西亞會議之後

〈尼西亞信經〉被大多數出席的主教接受，除了幾位主教以外——其中兩位反對者是來自呂彼亞（Libya；位於亞歷山太主教的管轄範圍之內）的主教，他們很可能是亞流的朋友。會議既這樣成功，初看起來，叫人感到驚訝的是，這會議並沒有終止亞流的爭論；相反，它引起嚴厲的批評，而這批評導致持續差不多半個世紀的分歧。

不是所有這些分歧也因教義而起——個人的對抗及對地方教會的效忠通常都扮演著某個角色。一旦主教派別之間開始產生紛爭，這些紛爭通常呈顯出他們自己的一股推動力，所以由尼西亞會議直至公元三八一年在帝國首都君士坦丁堡所召開的第二個大公會議期間，這段教會歷史總是給人一種印象，就是敵對的「教會派別」為要奪得教會中的權力而在他們中間產生一連串的爭拗。

■術語上的問題

然而，在教義性問題存在之處，也可以以人對「本體相同」及「位格」這些重要辭彙之取態來描述這些問題。「本體相同」這字在許多神學家中仍是不受歡迎的，那原因跟亞流不喜歡它的原因一樣：這字隱含著父跟子之分別是上帝存有分開的結果。不然，若否認這點，那會使到人難以相信父與子之間最終有任何真正的分別。而且，「本體相同」這觀念對以下情況沒有幫助：安居拉的馬爾克路主教（Bishop Marcellus of Ancyra）是一名尼西亞會議及「本體相同」的積極支持者，但他被指控為疑似把撒伯流及撒摩撒他的保羅的異端思想復興過來（參本書頁 209～210，216）。

關於「位格」這字的問題是，大部分東方的主教如俄利根一樣，使用「位格」這辭彙來描述三一那三位位格之間的分別。然而，在〈尼西亞信經〉所附加的絕罰中，這辭彙被當作為「本體」的同義詞來使用，這意味著「本體相同」的意思是，三一是被當作為一個位格（*hypostasis*）來理解——一個個別的東西，或甚至是一位位格（person）。

公元三四一年在安提阿所召開的教會會議，說明了許多東方主教的態度。這次會議的信經（參 *Creeds, Councils and Controversies*, 8～11）以類似〈尼西亞信經〉的絕罰的辭彙來譴責亞流的教導，但卻忽視「本體相同」一字，並且謹慎地確立父、子及聖靈之間在位格上的分別。

隨著君士坦丁在公元三三七年去世，他的兒子君士坦丟二世（Conatantius II，死於公元 361 年）並後來的一位皇帝華倫斯（Valens，於公元 364～378 年在位），曾幾次嘗試召集帝國內的主教，為求達成一個可以取代尼西亞信經的新協議，並且避免使用「本體」

(*ousia*)這個具爭議性的辭彙。這些嘗試最後也失敗了，因為有足夠數目的主教堅持使用「本體相同」這術語，以維持著一股力量，成功地抗衡帝國那高壓政治的威脅，而這情況特別在西方教會出現。廣為接受的協議必須等到新的神學倡議之出現，而並非只是一個眾教會派別間的妥協。

邁向協議

神學上的協議主要是亞歷山太的亞他拿修主教及加帕多家教父的工作範圍（有關資料參本書第六章）。

■亞他拿修

亞他拿修曾以亞歷山太主教其中一位執事或助手的身分出席尼西亞會議。在他整個身為亞歷山太主教（自公元328年開始）的個人生涯中，他一直是亞流主義及任何不支持尼西亞觀念的神學的死敵。在他的著作中，他記錄了他的敵人多次試圖提出可取代〈尼西亞信經〉的新信經，而他亦拒絕接受所有這些新信經。他在公元三三六至三六六年間曾五次被逐出亞歷山太，而這五次放逐則顯示出君士坦丟及華倫斯對一位拒絕遵循有關爭論的妥協方案之路線的傑出主教所懷的敵意。

亞他拿修雖然堅持使用「本體相同」一語，但他很可能並非如他同時期的神學家所作的那樣，特別關注到要藉著利用「本體」這字的哲學性定義，來給「本體相同」一個準確的意思。「本體相同」純粹就著父及子（及聖靈）的神性程度及祂們的神聖力量而確立祂們的身分，因而子不會被視為一個次於父的半神聖存有（semi-divine being）。亞他拿修本人不情願談論有關父、子及聖靈之間那位格的分別，但他也預備好以承認那些談論這方面的人為正統，只要他們接受「本體相同」及不抱持亞流的觀點（參在公元三六二年所舉行的亞歷山太會議的信件；*Creeds, Councils and Controversies*, 80～83）。這是朝以〈尼西亞信經〉為中心、而把教會重新結合起來這方向所邁出的非常重要的一步。

■加帕多家教父

加帕多家教父的貢獻在好幾方面也是同樣重要的，尤其是在公元三七三年亞他拿修去世之後。他們不單接受那關於三位位格的論述為正統，他們還給這辭彙一個重要的角色，就是確認父與子之間那統一性及差異性之間的適當平衡——然而〈尼西亞信經〉卻片面地集中在統一性之上。

從加帕多家教父時期開始，希臘文 *hypostasis* 一字便合理地被翻譯為「位格」（person），而且可以把三一的正統教義言說成「一個本體三個位格」（three persons in one substance）。（像亞他拿修一樣，加帕多家教父也講授聖靈的神性；參 *Creeds, Councils and Controversies*, 83～85。）當然，這在某程度上只是返回到俄利根的教導，然而「本體相同」這辭彙使俄利根在使用「形象」（image）這概念時，額外添上一分準確性，而且它也標誌著希臘神學術語趕上了拉丁術語——拉丁術語早在三世紀初期已被特土良採用。

君士坦丁堡會議（公元 381 年）

在公元三八一年於君士坦丁堡所召開的第二次全體

或大公會議（由那位熱切支持尼西亞會議的皇帝狄奧多西一世〔Theodosius I〕所召集），正式為亞流爭論劃上句號，它並且標示出尼西亞會議的情況再次出現——所有正統的主教在理論上也接受同一份信經。這次會議所制定的信經，是為了解釋〈尼西亞信經〉而非取代它，但由於這次會議的信經的第二段關於道成肉身的項目比之前的信經更長，以及其關於聖靈及教會教義的陳述比之前的信經更詳盡，所以教會普遍傾向接受這次會議的信經。

這就是今日正教、天主教、聖公宗及許多其他教會在聖餐儀式中所採用的信經；它通常被（草率地）稱為〈尼西亞信經〉（"Nicene" creed）或（更準確地）稱為〈尼西亞—君士坦丁堡信經〉（"Nicene-Constantinopolitan" creed）。由於它的重要性，這是值得把整份信經再列明出來，讓人把它跟原本尼西亞會議的信經（見頁220的補充資料）作比較。值得注意的是，雖然自公元三二五年以來一直也有關於「位格」一字的爭論，可是這字並沒有包含在這信經中，而「本體相同」這字亦沒有被應用在聖靈身上。換句話說，即使要肯定尼西亞會議、亞他拿修及加帕多家教父的成就，但這信經也試圖避免使用具爭議性的辭彙。

〈君士坦丁堡信經〉（公元381年）

（那些有別於公元三二五年的信經的內容——主要是增加的部分——以粗體表示）

我們信獨一上帝，全能的父，

創造**天上及地上的**和有形無形萬物的主。

我們信獨一主耶穌基督，上帝的獨生子，**在萬世以前為父所生**，
出於光而為光，出於真神而為真上神，
受生而非被造，
與父一體；
萬物都是藉著祂造的；
為著我們世人和為著我們的救贖，**從天**降臨，**因著聖靈**，**並從童女馬利亞**成肉身，而為人，
在本丟·彼拉多手下，為我們被釘在十架上，受難，**埋葬，照聖經**第三天復活，
並升天，**坐在父的右邊**，
將來必有榮耀再降臨，審判活人和死人；
祂的國度永無窮盡；

我們信聖靈，**賜生命的主，從父和子出來，與父子同受敬拜，同受尊榮，祂曾藉先知說話**；

我們信獨一神聖大公使徒的教會。
我們認使罪得赦的獨一洗禮，
我們望死人復活，
並來世生命。阿門。

基督位格的教義

這一章剛才數頁已遠遠偏離了耶穌的形象這題目。

這是不可避免的，因考慮到關於耶穌神性之信念，引導了二至四世紀的神學家愈來愈多把上帝言說為三一，並且愈來愈多查問這信念對於上帝自己的本性有何含義。可是，耶穌人性的一面並沒有完全被忘記，而神學家曾試圖解釋耶穌如何可以既是神聖的——來到地上的三一的第二位位格——也是人性的。這問題通常在神學裏被描述為關於「基督位格」(the person of Christ) 的問題。

從俄利根到亞波里拿流

在這裏我們需要再次回到俄利根那裏。他在《反駁克里索》中便就他如何理解神聖洛格斯跟耶穌的人性之間的關係，提供了一個十分清晰的解釋：

> 我們說這洛格斯內住於耶穌的靈魂中並跟它聯合，而這聯合比任何其他靈魂的聯合更緊密，因為惟獨〔耶穌〕曾有能力完全地接受洛格斯在祂裏面至極的參與。祂是那完全的洛格斯〔＝理性〕及完全的智慧及完全的公義本身。(Origen, *Against Celsus*, 5.39; Chadwick, *Origen Contra Celsum*, 296)

這個說法的含義似乎是，隨著人性耶穌在理性、智慧及良善上日漸跟上帝接近，祂就日漸與洛格斯有一個更緊密的聯合。潛在地，這可能導致產生一種關於耶穌那嗣子論式的觀點——祂不會完全地成為上帝的兒子，直至祂獲得某一道德及靈性的聲望。但俄利根並沒有打算要暗示這觀點。他選擇以這方式來描述道成肉身，只是為要表明耶穌的人性是真實的：洛格斯並不是只取了人性的外表，而是跟一個真正的人——具有身體及靈魂——聯合起來。這人具有人的意志及思想，而祂以這意志及思想來行善及事奉上帝。

由於耶穌跟洛格斯的聯合，所以人性耶穌沒有犯罪，而且祂按愛的美德而活出一個完美生命。俄利根說，這就好像耶穌的靈魂是一塊鐵片，而洛格斯就是鍋爐的火。當鐵在鍋爐中被加熱時，它便取了火的質素（即熱力及發光）；同樣，耶穌那人性的靈魂被神聖的力量所充滿，並取了那跟祂聯合的洛格斯的智慧及美德，但祂卻沒有停止作為真正的人（Origen, *On First Principles*, 2.6; Bettenson, *Early Christian Fathers*, 216～217）。

■耶穌擁有人性的靈魂麼？

雖然俄利根早已清楚回答了這問題，但自他於公元二五四年逝世，直至公元三八一年君士坦丁堡會議這段時期之間，並非所有神學家也認同他的解答。雖然那似乎有點異常，但有些神學家卻傾向認為，神聖洛格斯內住在人的身體之內，並有效地取代了在耶穌這人身上那人性靈魂的位置。

在神學上這個傾向的原因是頗為複雜的，但其中一個因素是撒摩撒他的保羅的教導：他強調人性的耶穌跟那內住在祂裏面的洛格斯是有所分別的，而這看法又聯繫於一個信念，就是認為洛格斯並非一個真正的位格，而只是父的一種力量。撒摩撒他的保羅跟他一位早期的批評者（一位稱為馬爾依安〔Malchion〕的神學家）爭論，而這位批評者把洛格斯在耶穌身上與肉身之聯合，跟人性的靈魂與肉身之聯合作比較，並以此來回答保羅（*New Eusebius*, 261～262）；也許，這似是最佳方式，既保持了洛格斯是一位位格，也抵擋了保羅所提出的教導之含義，即那關於耶穌僅是一位（可以這樣說）碰巧被上帝所靈感的「凡人」的這一教導。從馬爾依安的觀點看，耶穌是徹底地跟我們有分別的。

那些擁護馬爾依安的觀點的四世紀神學家，不會意圖否認耶穌是人，但他們傾向把耶穌的人性言說為「肉身」（flesh），而非說祂擁有人性靈魂（這對亞他拿修而言是正確的）。因我所提出的原因，明顯可見，對於把耶穌看作為一個人，以致祂擁有一個有別於洛格斯的靈魂——並因而擁有別於洛格斯的思想及行動——的這個觀點，神學家附帶點恐懼。對於這問題，人們卻很少提及俄利根那個關於鐵及火的隱喻的解答。

老底嘉的亞波里拿流（Apollinaris of Laodicea）是把這個傾向推至極端的神學家。亞波里拿流是一位支持亞他拿修的反亞流神學（anti-Arian theology）的人，然而那稱為亞波里拿流主義的異端思想卻是以他來命名的。儘管亞他拿修及許多他同時代的神學家，（通常）只是避免談論在耶穌身上的人性靈魂，但亞波里拿流卻明確地否認耶穌身上存在著一個人性靈魂。

亞波里拿流的觀點（在公元三八一年君士坦丁堡會議的第一條法規或規條中）被譴責，而所有神學家也均接受耶穌必須擁有人性靈魂這觀點。加帕多家教父之一的拿先斯的貴格利，是其中一位最重要的神學家，致力於證成對亞波里拿流主義的拒絕。他的理據通常被總結為一句話，就是「凡沒有被採取的，就是沒有被醫治的」（“what is not assumed is not healed”; *Creeds, Councils and Controversies*, 89 ~ 92）：換句話說，除非耶穌是一個在每一方面也跟其他人類一樣的人（除了祂沒有犯罪），否則我們不能說，人類真的已經得著拯救，或藉著祂的生命已經被賦予拯救。

涅斯多留與區利羅

雖然關於耶穌那人性靈魂的問題在公元三八一年已被解決，但關於祂的人性與神性之間的**關係**卻還未解決，而進一步關於基督位格的爭論在五世紀發生。

■涅斯多留

涅斯多留在公元四二八年擔任君士坦丁堡的主教。跟前半個世紀那些亞波里拿流的批評者相似，涅斯多留相信，為要確保在耶穌身上，那成為人的神性不會因成肉身而改變，就必須要維持主張：所有耶穌生命中的負面特徵，如飢餓、口渴、恐懼、無知、受苦及死亡（換句話說，即是福音書內所有明顯地使耶穌成為人而非只是一個神聖的幻影——那是幻影派的觀點——的記載），皆屬於人性的耶穌，而這些特徵不會是神聖的道所經驗過的。容許耶穌在祂的神性上經驗苦難，這將會為亞流主義——那是認為道是受造物而絕不是神聖存有的觀點——開了一扇門，或對神聖非動情性這教義之否定。

上帝的非動情性的信念，已導致俄利根維持主張：父生子並不會使上帝裏面有任何改變（參本書頁 214 ~ 215）；而特土良則已經主張，在耶穌內只有人性受苦，而非祂的神性受苦。現在，涅斯多留更加激進地應用非動情性的教義，來支持他的觀點，那就是認為：在耶穌裏必須存在著的，並不單是兩個完全的本性，即神性與人性，也是兩個不同的個體（位格）：其中一個是人性的耶穌，那就是耶穌的人性經驗及行動的主體；另一個則是內住的神聖的道，即是履行祂那些神聖行動如施行神蹟和識透人的內心的那位。

涅斯多留批評那些把耶穌人性的及神聖的行動和經驗混亂了的談論。有一個辭彙可總結出他的擔憂來，就是「上帝之母」（*Theotokos*）的稱呼（意思是「那位誕下上帝的人」，或傳統上指「上帝的母親」）；這辭彙有時被應用在童女馬利亞身上。按涅斯多留的觀點而言，說馬利亞誕下上帝，這說法明顯就是混亂了耶穌的神性及人性。馬利亞只誕下了基督的人性。

■亞歷山太的區利羅

涅斯多留的觀點並非因渴望主張新的教義而被提出來的，它只是因拒絕接受亞流主義及亞波里拿流主義而出現的邏輯性後果，並且它只是要維持那關於耶穌是完全神聖的及完全人性的主張。但涅斯多留引起亞歷山太主教區利羅的敵意，而區利羅在一連串的講道及信件中攻擊涅斯多留，並指出涅斯多留正在教導「兩個子」的教義，甚至是正在教導敬拜耶穌那看似分開的人性及神性的教義（Cyril, *Second Letter to Nestorius; Creeds, Councils and Controversies*, 295～297）。區利羅拒絕接受涅斯多留的觀點，就是那認為把基督言說為一個單獨「位格」（希臘文是 *prosopon*〔位格〕，不是 *hypostasis*

〔位格〕）就足以維護祂的統一性的這個觀點，因為涅斯多留事實上亦把耶穌的行動及經驗在耶穌兩種本性中間區分開來。

區利羅本人那關於耶穌位格的觀點，是基於〈尼西亞信經〉及他對約翰福音一章14節的解釋（「道成了肉身」）。不論是信經還是約翰，也沒有把耶穌說成是一個跟神聖洛格斯分離的人，而是將其說成為洛格斯取了人的肉身（以及靈魂：約翰福音一章14節必須被解釋，以排除亞波里拿流主義），並使這肉身成為祂自己的肉身：

> 道曾以一個難以言說及難以想像的方式，親自把自己跟那被活的靈魂賦予生命的肉身聯合起來，道便成為人並且稱為人子。然而這個稱呼並非僅僅是出於意志或喜好，也不再是藉著祂使自己單純承擔著人的樣子而得到的。（Cyril, *Second Letter to Nestorius; Creeds, Councils and Controversies*, 296）

從區利羅的觀點而言，十分清楚的是，道與耶穌的肉身的聯合，便是位格或甚至是本性的聯合（這是區利羅從亞波里拿流借過來的觀念，而他很可能沒有意識到這觀念是來自異端的）；只有一位獨特的存有，那就是耶穌，祂既是神聖的也是人性的，所以耶穌所有的行動及經驗，不論是神聖的還是人性的，都擁有同一個主體。

就在這一點上，區利羅的神學變得更為複雜。區利羅想說的是，耶穌的人類經驗，如懼怕或受苦等，皆屬於神聖的道，如同祂的神聖本質屬於神聖的道一樣。這包括人誕生的經驗：對區利羅而言，稱馬利亞是「上帝之母」，這是十分重要的。

然而，在看來不否定上帝的非動情性的教義之下，這觀念是有困難的——正如涅斯多留所意識到的。所以區利羅主張，道並非在祂自己本性上受苦，祂只是在身體之內受這些苦，而這個身體是屬於道自己的，而並非屬於一個被視為分別開來的人性耶穌的（*Creeds, Councils and Controversies*, 296）。所以道成肉身標示著神聖的與人性的生命一個真正的聯合，而神聖的道願意把自己與人類聯繫起來，並經驗那些人之所以為人的東西。藉著使用腓立比書二章的語言，區利羅把道成肉身談論為一個「虛己」（self-emptying；希臘文為 *kenosis*）的行動，或道對「僕人的形象」的擔承（參 Bettenson, *The Later Christian Fathers*, 261）。

究竟道不在祂自己的本性上受苦而是在祂自己的肉身上受苦，這教義是否可以講得通呢？這是一個必須重視的問題。區利羅強調，人性與神性的聯合是一些人類思想難以理解的事，所以我們當預料會有一些非依靠弔詭（paradox）就難以表達的東西存在。但問題仍然存在，到底把耶穌的受苦及精神上的限制（例如，無知），定義為屬於道而非屬於人性的耶穌，這做法是否冒險使它們成為不真實的呢——因為道不能真正經驗到這些東西？區利羅的神學並沒有倖免於幻影派的迹象。

雖然如此，但區利羅值得我們注意的是，他踏出了勇敢的一步，以言說——但在某種意義上——「道在耶穌裏受苦」或甚至是「道嘗過死的滋味」（Cyril, *Twelve Anathemas against Nestorius; Creeds Councils and Controversies*, 308）。伊格那丟曾作出類似的評論（參這一章開頭的部分），但只是考慮到從三世紀以來神聖非動情性的教義之發展，而引人注意的是區利羅也應是這樣做的。他願意把非動情性的教義延伸至極點的意願，使他在眾多教父之中，成為那教義——「在耶穌裏，上帝的兒子真的把自己與人的狀態密切關聯起來」——最強的擁護者。

以弗所及迦克墩大公會議

像一個世紀前的亞流爭論一樣，區利羅跟涅斯多留的爭議只可以藉眾主教的會議來解決。這個會議在公元四三一年六月於以弗所召開（第三個大公會議），而涅斯多留的教導就在會上被譴責。然而，區利羅也面對一些主教的批評，因為他在他的著作《駁涅斯多留的十二絕罰》（*Twelve Anathemas against Nestorius*）中堅持說道曾受苦（參上文）。區利羅最後也被迫跟安提阿主教約翰（在涅斯多留被譴責後，他是反對區利羅的人的領袖）達成一項協議，而這協議被稱為〈聯合信條〉（Formula of Reunion；參 *Creeds Councils and Controversies*, 313～317）。這信條沒有提及區利羅那具爭議性的教導，但它卻清楚解釋，耶穌每一項人性的及神聖的行動和經驗，也屬於合適的本性（the appropriate nature），所以人性的經驗並不是出於道的。

隨著對涅斯多留的譴責及區利羅的妥協（並區利羅在公元四四四年的逝世），這個爭論似乎是終結了，但教會仍欠缺一個贏得全體同意的信條，以定義耶穌的人性及神性之關係。後來亞歷山太主教（狄奧斯庫若〔Dioscorus〕）與他在君士坦丁堡的對手（夫拉維亞〔Flavian〕）之間的爭議，卻刺激起這樣的信條之制定。當公元四五一年十月迦克墩大公會議（第四個大公會議）為要解決上述爭論而被召開時，會上所達成的便是一份教義陳述，這陳述讓絕大部分的主教為此而聯合起來——除了狄奧斯庫若那些來自埃及和巴勒斯坦的支持者之外（而這班支持者認為任何把基督視為「兩個本性」的條文，也屬於涅斯多留的思想）。

像〈尼西亞信經〉及〈君士坦丁堡信經〉一樣，迦克墩信仰定義（the definition of faith of Chalcedon；〈迦克墩信經〉的別稱）必須全文被引述。

迦克墩定義

我們跟隨聖教父，同心合意宣認同一位子，我們的主耶穌基督，是神性完全、人性亦完全者；祂真是上帝，也真是人，同樣具有理性的靈魂，也具有身體；按神性說，祂與父同體，按人性說，祂與我們同體，「凡事……與我們一樣，只是他沒有犯罪」〔來四15〕；按神性說，在萬世之先，為父所生，按人性說，在最後的日子，為求拯救我們，由上帝之母，童女馬利亞所生；是同一基督，是子，是主，是獨生的，具有二性，不相混亂，不相交換，不能分開，不能分離；二性的區別不因聯合而消失，各性的特點反得以保存，會合於一個位格及一個本質之內，而非子彷彿被分離而成為兩個位格，卻是同一位子，獨生的，道上帝，主，耶穌基督。（*Creeds, Councils and Controversies*, 352～353；編按：譯文參考自章文新

編：〈迦克墩信經〉，載《歷代基督教信條》，湯清譯〔香港：文藝，1970〕，頁24～25，並稍作改動）

這定義的許多內容都關注要建立基督的人性及神性的實在（reality），但當中所重覆使用的片語「同一」（the same），卻顯示出這兩種本性並非被設想為分別屬於人性的耶穌及那內住的神聖的道，而是被設想為屬於一個個體——這個個體既是道也是人，先從父而生，後從上帝之母馬利亞而生。

在這情況下，區利羅對基督的統一性的強調得到尊重（「上帝之母」這辭彙被納入信經之中的這個做法，顯示出一個明確的取向，就是選擇區利羅的觀點多於涅斯多留的觀點），但是這定義也堅持耶穌具有「兩種本性」，而這些本性，即人性與神性，並不因道成肉身而受到改變或混淆——正如許多人認為，區利羅那關於道的受苦的教導，便暗示了這個混淆。同樣，在另一方面，這定義所教導那位格及本質的統一性，對於區利羅而言也是可接受的。

持續的爭辯

儘管迦克墩會議在一個疲於爭論的教會處境下取得成功，但迦克墩定義的辭彙要待一個世紀過後，才最終得羅馬帝國（及它在地中海東部及中東的繼承者，即拜占庭帝國）的教會所接受。即使如此，對於這定義——它仍把東正教、天主教及新教教會統一起來——的辭彙之認同，是以敍利亞及埃及教會那永久分裂為代價的；今日（在眾教會中）敍利亞正教會及科普替教會（Coptic churches)，是以他們對迦克墩定義及它那「兩個本性」的信條之拒絕作為他們的特徵的。

在現代的神學家之中，也持續對迦克墩定義之解釋進行辯論：是否凡指涉到一個本質(及上帝之母)，就是意味著屬於區利羅的觀點，即認為耶穌的人性經驗就是道的經驗，以致任何接受這定義的人可以(跟區利羅一同)說，上帝受苦或甚至是祂死在十架上？由於今天許多基督徒質疑希臘哲學觀念如神聖非動情性的教義(它被所有五世紀參與辯論的人所接受，雖然在區利羅的事件中，人們或許會對它有些保留)對神學的價值，所以這是一個重要的問題，它關係到迦克墩定義對於現代神學，是否有持續的正面價值。

由於像這類的問題不容易回答，普遍的觀點認為，迦克墩定義應當主要被視為一份否定性的陳述(一方面排除了涅斯多留主義，而另一方面則排除了亞波里拿流主義及幻影說)，多於被視為一份肯定性的教義性成就，像〈尼西亞信經〉及〈君士坦丁堡信經〉一樣。或許，它不應該被視為一個嘗試，以解釋道與人性在耶穌身上的聯合；而是簡單地把它視為對問題所下的定義。然而，作為一個關於初期教會在道成肉身上的教導的總結，迦克墩定義從構成正統基督教的元素之角度來看，它仍是重要的。人若持守由尼西亞及迦克墩所定義那三一及道成肉身的傳統教義，他就不可被當作為一位異端分子。另一方面，在保存及表達新約聖經關於耶穌是上帝的兒子及那位帶來拯救者的信息上，人則可判斷現代神學是否如傳統教義般成功。

關於耶穌的現代理解

正如我們在本書第一章所見，首四個世紀基督教制定的三一及道成肉身的教義，在千多年來幾乎沒有受過挑戰。直至十六世紀，隨著由意大利神學家蘇西尼（F. P. Sozzini，1539～1604年）於歐洲所發起那稱為蘇西尼主義（Socinianism）運動之發展，這些教義才受到真正的批判。直至十九世紀，「蘇西尼派」（Socinian）這稱呼一直都應用在神體一位論者（unitarians）身上——即那些拒絕接受三一教義的基督徒。

然而，蘇西尼派的觀點在小眾基督徒中——這些信徒經常從新教及天主教思想所代表那主流神學的發展中被孤立出來——仍然保留下來。直至十八世紀，在歐洲啟蒙運動的影響下，那些在較大教會內的神學家，開始發展出自由或激進的觀點，而這些觀點開始質疑傳統基督教關於耶穌的信念。

自啟蒙運動以來自由派的觀點

啟蒙運動的性質

啟蒙運動部分是一種對以柏拉圖及亞里斯多德（Aristotle）為代表的希羅哲學（或古代哲學）的反動，而它對基督教教義有著巨大的影響，部分原因是基督教神學家曾使用哲學來有系統地表達他們的觀點。古代哲學是一項巨大的智性成就。它致力於制定出用來批判論據或意見的理性準則（邏輯），發展出對這個宇宙的性質之理解（物理），以及按人類自己的本性及真實的信念，來了解他們當有的生活模式（倫理）。然而，對於十八世紀的知識分子而言，古代哲學本身和它們作為支持基督教教義之使用——不論是在初期教會或在中世紀的神學家如阿奎那（Thomas Aquinas，1225～1274年）的著作中——似乎都已經走到盡頭。

■科學與歷史

古代哲學的缺點在於它對宇宙的科學性理解及對歷史的理解。自從十七世紀以來（當時亞里斯多德的科學觀念最終遭摒棄），科學已發現許多有關物質宇宙的新定律，但它也讓人意識到，有待發現之處遠多於那些已知的東西。對於哲學家而言，這似乎開始反映出，柏拉圖或亞里斯多德那解釋宇宙的能力，是受到他們在科學知識上的欠缺所限制的。若說一個關於世界的最終解釋，可以依據那些出於古代哲學或基於它們的玄思臆測的概念——如基督教神學家視神聖洛格斯為世界創造主這主張——而得到，這是難以置信的。哲學變得愈來愈抱懷疑的態度、依據經驗及拒絕接受任何有違那些已被確立的科學信念之宇宙解釋。

這個哲學趨勢是以蘇格蘭哲學家休謨（David Hume，1711～1776年）作為代表的。他以拒絕接受神蹟而聞名，而更廣為人知的是他否認上帝可以被理解為所有事物的起因——因為事物只可以藉著那些出於觀察而得來的科學定律來加以描述，而不是加以解釋。

古代哲學的弱點的第二個範圍——歷史——也是同樣重要的。古代哲學往往尋求理解世界，並且要以符合一個被視為具有普遍性及不變「本質」（nature）的標準來衡量人類的行為。啟蒙運動把這一切都改變了：歐洲人漸漸對歐洲以外的社會、倫理及宗教體系擁有更多知識，這在一定程度上幫助他們開始理解社會和文化的歷史演變，以及社會及文化之間的分別。這樣，歷史及社會不太必要被視為是由上帝所管治的：它們可以擁有它們自己內在發展的原則、道德及公義，而不需要從外在——不論是指上帝或一個抽象的哲學系統——把這些東西加諸於歷史及社會之上。經濟從倫理的一個分枝（在倫理範疇中，正確的行為是由外在的標準——即上帝或公義——所指定的）演變為一門實證科學，這個發展期望在個別經濟或社會體系的處境下描述及理解人類的行為，這是啟蒙運動的知識革命一個很好的例證。

歷史經驗主義（historical empiricism）也應用在基督教的信念之上。那些如三一及道成肉身的教義已不再足以令人相信：因為它們只具內部邏輯的融貫性（假設它們是這樣）、因為它們是傳統、或因為它們在權威的來源（如聖經）中被教導——它們在過去好幾個世紀也以不變的方式被解釋。人們對觀念的發展作過研究，並理解到後期的觀念不一定是由先前的觀念發展而成的——例如，亞他拿修所教導的「本體相同」的教義，並非必然地從游斯丁對洛格斯的觀念發展出來。事實上，兩個教義之間有著相當大的差異，但在傳統上初期教會被視為在首尾一致的神學教導中那連綿不斷的傳統的一部分，而這種看法便有掩蓋神學觀念之間那差異的傾向。

啟蒙運動的神學性影響

對於神學家而言，啟蒙運動是一個挑戰。當然，並非所有神學家也以放棄傳統關於耶穌的教義來回應啟蒙運動。他們採納那些普遍被人所接受的（啟蒙運動的）實證觀察原則、實踐理性（practical reason）及歷史鑑別學（historical criticism），為要試圖為他們的信念提供一個比古代哲學性論據更為穩固的基礎，並且為要試圖確保他們的信念符合那些可以在歷史上被確認為關於耶穌這人物及初期教會教義的資料。這是牛頓及惠斯頓（參本書第一章）基本上想作的事。但正如他們的例子，若聖經及初期教會的歷史研究，確實導致神學家發現傳統關於耶穌的教義並沒有證據可足以支持的話，這便可能會帶來始料不及和不受歡迎的後果。

有關傳統教義是否有充足的歷史根據，其中一個處理這疑惑的方法，就是接納一個比起傳統基督教思想在教義上較少野心的進路。或許，基督教信念把太多的智性精力，放在試圖把上帝定義為由三位在一個本體上聯合的位格所組成的三一，或試圖把耶穌這人物定義為一位具有兩種本性的位格。若基督教可以從這些教義性構想中退出來，而且在耶穌與上帝的關係上，接受一個沒有那麼準確——甚至是刻意地含糊或不明確——的理解，基督教信念的根基或會較少面對被逐漸削弱的危機。若基督教對耶穌的信念是基於新約聖經的歷史證據，那麼接受一些有關祂的東西是不能確定的及不受歷史舉證所影響的，並且少一點急於準確地表達那些基於不確定的實證證據——即哲學性語言——的信念，這或許是明智之舉。

在十八至十九世紀期間，許多廣為人知對基督教信念作重新解釋的嘗試，也可按上述的觀察而被理解。例如，德國神學家士來馬赫（F. D. E. Schleiermacher，1768～1834年）便反對那些在他的時代的傳統教義神學，同時也反對許多啟蒙運動思想家對宗教信念的敵意。士來馬赫試圖把基督教信念建基在人對上帝的依靠的直覺或感覺之上，而耶穌的一生就最充分表達出這種直覺或感覺。基督教不能透過直接訴諸於如三一及道成肉身等教義之合理性來反駁啟蒙運動的批評，它只可以藉著那些在耶穌的那個人生中（範圍只限於聖經學術研究所可以發現的那個實在之內）及在今日信徒的經驗中都是合理的觀念來反駁。

■奧祕

許多後啟蒙運動的神學家對神學所採取那在教義上較少野心的進路，在某方面跟基督教傳統中較為遠古的洞見卻是一致的，兩者都在人對上帝及耶穌這人物的認識上，保留了一個奧祕或不確定的元素。初期基督教神學家意識到，對於人類無助的理智而言，三一及道成肉身的教義顯得是弔詭的，但他們相信，在這位具有不可想像般偉大的上帝存有面前，知識上的謙遜是有需要的，而這是遠超人所能理解的。士來馬赫所代表的自由神學（liberal theology），在那些初期基督教神學家無懼前往的範疇內，只是藉著避免教條主義（dogmatism）來實踐這個洞見罷了。

這個神學進路意味喪失教義及歷史的確定性，所以自十八世紀以來，並非所有神學家都對此感到滿意，但他們許多都感到別無選擇而只好接受它——尤其是考慮到那些由聖經學者所提出、關於福音書就耶穌的描繪在歷史可信性上的質疑。我們將會在這一章的其餘部分，看看（概括而言）自由派神學家一些尋求重新解釋三一及道成肉身的教義的方式。

作為三一的上帝

明確放棄三一的信念以回應啟蒙運動對傳統教義的批判，這經常只是少數派的做法，但對教義作重新建構或重新詮釋，這種回應方式就更為普遍。許多自由派神學家也會認同，基督教信念需要談論父、子及聖靈的三一，這是新約聖經的見證所要提及的內容，並且三一也是多個世紀以來，整個初期基督教神學的發展，以及基督教敬拜及忠於耶穌這人物的方式之基礎。人不可在輕言放棄如三一這樣的信念下，仍然聲稱屬於那制定這信念的宗教傳統。然而，三一的信念是否必須要以初期教會所發展出來那教義上的精準解釋來表達，則另作別論。

■非教條式的三一

初期基督教神學所尋求回答的問題，就是人如何準確地理解作為三一的上帝呢？答案就是在本體及位格這些哲學用語之中。自由神學可能滿足於回答那些較少教義性的問題：即是以三一的辭彙去談論上帝能幫助我們理解祂哪些性情呢？例如，三一的信念表達出上帝的性情就是愛；這信念也表達出祂所創造的世界的特質，就是世界是以人際關係作為人之所以為人的核心要素，而這關係是模仿那個以愛相繫的神聖家庭的觀念的。神學可以教導上帝是愛的；神學也可以教導，上帝是在耶穌身上最完全及完美地彰顯祂的愛的；神學更可以教導，宇宙的特質從一個事實而得：那事實就是宇宙的創造者是那位願意跟子分享祂的愛的上帝，這不必要渴望進一步說，把耶穌定義為一位與父在本體上等同的神聖位格（使用古代哲學對「本體」的理解，即是一位跟父共同擁有完全一樣的質素或屬性，如完全美善、能力及知識的存有）。

也許那有關上帝作為父、子及聖靈的討論，應當主要被視為一個方法，以指出基督徒那些不同回應上帝的方式。例如，把上帝視為父來談論，這意味著把祂視為創造者來回應，即是視祂為以祂權能托著萬有，在祂的愛裏擁抱萬有，並且平等看顧萬有的那一位。把上帝視為子或耶穌來談論，這強調了在我們跟上帝的關係中那較為個人的一面，因為耶穌就是基督徒在他要奉獻給上帝的生命中所要回應的對象，而且耶穌也是他們學習祈禱及服事他人的榜樣。把上帝視為聖靈來談論，這強調出上帝那積極的、活的及滿有動力的性情，而且強調上帝便是基督徒在崇拜方式及生活方式中，那一切美好的及聖潔的事物的源頭。把三一的觀念包含在基督徒崇拜及屬靈操練的語言中，這確保基督徒與上帝的關係的所有方面也被連貫起來。基督徒可以相信上帝的所有方面（創造主、個人救主、主動臨在者）皆真實地在祂的存有及在祂與耶穌的關係中被反映出來，而他們本身不用囿於初期教會那教義性的語言。

所以那裏存在著一些關於思考三一的方式，它們不同於古代教會所發展出來那非常哲學性及教義性的方式。這並非說基督徒不可參與教義的制定，而是說，有些原因導致那些傾向自由派思想的後啟蒙運動神學家，希望修改傳統教義的觀點。自由派的神學家或仍會使用上帝作為三一的語言（雖然好些神學家已實際上把它掉棄），但他們將希望關注這語言的含義（即它在基督徒生活及崇拜中所擔當的角色）、並在此基礎上我們所可以合理地述說關於上帝及我們對祂的經驗的內容，而非去制定一個被嚴謹地定義出來的三一教義，如初期教會所定義的「三位位格在一個本體之中」。

神聖的與人性的耶穌

自由神學希望在沒有使自己囿於以過分準確的哲學辭彙來表達上帝的教義之下，能表達某些關於上帝本性的洞見，例如，祂創造了一個以愛的關係為人類繁榮核心的世界。這期望可以達成、而同時又能持守對「耶穌是神聖的」這信念之委身——那「神聖」的意思意指祂的人生是把上帝本性向人類作出最清楚及徹底的啟示，以致祂的人生是向世界把上帝具體化（embody；或體現化）並呈現出來。若我們在評論耶穌的位格時再向前多走一點，我們便會碰到一些歷史性及概念性的難題：相信耶穌是神聖的，到底這信念的歷史基礎是甚麼？道成肉身的觀念——正如初期教父對這辭彙的理解——在他們的哲學框架外是否表述得清楚？

■歷史上的基礎

從現代的角度來看，當初期教會的神學家以聖經為證據，來指明耶穌是一位成為人的神聖位格，差不多不可避免地顯得他們是以一個十分幼稚的方式來閱讀聖經。他們所選取的聖經證據，在我們看來，似是一些在舊約聖經中有關彌賽亞這人物或智慧這人物——在舊約聖經中上帝那擬人化的質素（特別是在箴言這卷書中）——那非常含糊的暗示（參本書頁94～95），而且他們把這些暗示解釋為證據，以證明舊約聖經的作者確實相當詳細地預視了耶穌的生平、死亡及復活。伴隨這個關於耶穌身為上帝兒子或彌賽亞的身分那先知式的證明（例如，游斯丁及俄利根的著作詳細解說了這點），教父還為有關耶穌的資料設定範疇——即祂的神蹟、祂的教導、祂那勝過魔鬼的權柄及祂那赦罪的能力——並把這範疇建立成一個對於他們而言是十分清楚的證據，以證明耶穌是神聖的存有。儘管如此，他們並沒有完成這計劃，因為他們選取了新約聖經那些有關耶穌先存性的暗示（例如西一15及約一1），並在中期柏拉圖哲學那洛格斯教義之協助下，他們把這些暗示發展成成熟的教義，以表示耶穌是上帝那具創建性的洛格斯，而這教義在二世紀成為三一及道成肉身這兩個教義的基礎。

相比初期教會作家所曾可以做到的，現代的聖經讀者知道更多有關聖經內所包含的文學類型、有關隱喻之性質、有關彌賽亞的信念所積聚起來的方式，以及有關基督教關於耶穌的信念隨時間發展的方式——這發展包括在新約聖經時期之內。我們意識到，新約聖經那關於耶穌的表達是如何受到那些關於祂的信念所形塑的，所以這表達不可被用作為有關祂生平及身分那純粹客觀的歷史證據。例如，我們知道在福音書中，一些關於耶穌應驗預言的陳述——以及祂生平一些被聲稱為應驗預言的事件——大概是按著那相信祂是彌賽亞的信念而被創作出來的，這些陳述不可以被用來作為支持這信念的證據（例如，耶穌逃往埃及的故事〔太二 13 ～ 15〕）。

除非現代基督徒打算假裝是活在二或四世紀，並且打算對聖經採取那像在啟蒙運動之前的傳統所採取的立場，否則便難以接受像初期教會那普遍所想的：即聖經中有許多歷史基礎，以支持人相信耶穌是神聖的。單單基於這個原因，自由派的方案，即那拒絕過分武斷地聲稱耶穌為神聖的方案，似乎更能充分地被證成。

■兩個本性

正如先前所提及的，教父樂於接受那道成肉身的信念，這牽涉到要接受一些弔詭性的元素。亞歷山太的區利羅相信，在道成肉身中上帝的道在肉身受苦，而他也一貫地強調，道成肉身是無法理解的及難以言喻的。但自由派神學家將要提出一個問題，就是即使容讓當中有弔詭性的元素，究竟是否就可能詳細說明「耶穌是上帝的道成肉身」這話到底是甚麼意思呢？區利羅是一位出色的基督教思想家，他能深入掌握道成肉身這觀念所牽涉的東西，即是上帝在耶穌裏面，使祂自己與人類的經驗及人類的限制認同，以這樣的方式，耶穌的生命被人意識到是具有拯救性的，並為他們提供了盼望，即是一種關於人類生命可以被拯救的意識。這是一個十分重要的神學洞見。雖然如此，但問題仍然存在：區利羅的觀點可否成為看似合理的回應，以致它可以作為關於耶穌這歷史人物一個合理的信念而被持守呢？耶穌如福音書所顯示的，是一位真正受苦及死於十架上的人；若說祂同時又是一位神聖存有，這話可以有多合理呢？

這是一個難以回答的問題，當它以專門的辭彙來表達的時候、並且我們以迦克墩定義的語言來問「到底說耶穌是一個位格『具有兩性』，這話實質上是甚麼意思？」之時，那問題就更難回答。若這觀念不可用有條理的辭彙來詳細說明的話——這確實是難以做到的——那麼或許在本書第八章末所提到的觀點是正確的，那觀點就是指迦克墩定義主要是一個否定性的成果，即是它能成功地排除好些信念，而非建立出一個肯定性的信念。

■激進的觀點

難以使人相信迦克墩關於基督兩性的教義，以及難以把道成肉身的觀念，弄得如同在傳統上所被理解的那般有意義，這成為其中一個主要原因，使人拒絕接受耶穌既是神聖的又是人性的這信念。一些神學家主張，基督教是可以在不相信耶穌是一位神聖人物之下如常發展的，即可以單單看耶穌為一位道德老師，或作為一位最佳榜樣——活出一個完全委身於上帝旨意的生命。

這意見有助於保留耶穌在基督教信仰中那核心的位置，儘管耶穌本身的一些教導或信念被看錯了——例如，祂對在祂的職事完成後世界便快速及突然地結束之期望。(耶穌對世界終局的預言的落空，確實為傳統關於耶穌的觀念造成問題，因為祂如同上帝一樣，祂應當知道一切父所知道的事情——正如傳統道成肉身教義所教導的。) 一些神學家如布特曼 (參本書第一章) 甚至主張，基督教應該不單放棄任何關於耶穌的神性那教義性的宣稱，更應該放棄所有教義，只留下少數關於祂的歷史性宣稱，為了讓人看見祂在宗教上的重要性，不在於任何關於祂的位格的事實，而在於將自己奉獻給上帝的挑戰——這上帝是由新約聖經作者們所宣稱的「基督信仰」或「基督事件」向我們呈現的。

然而，即使主流的基督教神學家受到啟蒙運動提出的關注所影響，他們並不樂於以激進主義 (radicalism) 的方式來看待耶穌。整體而言，自由神學嘗試保留一個信念，就是上帝在耶穌這位歷史人物身上，向人類啟示祂自己並帶來一個新的拯救，而這拯救是基於一個比以前所能擁有的、關於上帝及祂的旨意更深入及更完備的知識。對於自由神學而言，歷史性的耶穌和關於祂的傳統教義仍有其重要性，儘管自由神學對於初期教會用來企圖證明耶穌神性的基礎之歷史證據，以及對於那些用來企圖定義耶穌的神性之辭彙，都抱有懷疑的態度。

保守派的回應

在十九世紀及大部分二十世紀期間，自由神學的影響日益增加，至少在大學神學 (university theology) 及通常在主流教會（若非天主教，便是新教）內也見到這情況。然而，自由主義（liberalism）也並非在任何方面也沒有遇到問題。對初期基督教信經的教義及對如傳統所解釋的聖經權威那保守的委身，仍是一股力量，並在二十世紀，藉著巴特（參本書第一章）及其繼承者的著作，出現了一次復興，尤其在英、美兩地。

現時的情況

由於對保守派神學（conservative theology）建立起新的信心來，所以近代神學已強烈地被兩極化，其中一方期望繼續尋找一個自由神學的議程，而另一方則就啟蒙運動對傳統教義的批判而發展一個保守派的回應。自由派往往會嘗試把新的探索範疇，併入他們對傳統基督教教義的批判之中，並從新的觀點來提出關於傳統基督教教義的正確性的問題，而這些新觀點以女性主義者、激進政治分子、解放神學家、綠色神學家及同性戀者神學家作為代表，也包括其他想把他們對耶穌的理解跟他們本身的處境神學議程連上關係的組織。

另一方面，保守派雖然有時明顯地敵視一些如女性神學或綠色神學的趨勢（從傳統基督教的觀點而言，綠色神學的趨勢可以與那質疑人類在上帝創世的旨意中的核心位置這想法聯繫起來），但是他們能夠指出，在近代的哲學中有好幾個趨勢，是支持傳統基督教的教導，多於支持啟蒙運動的經驗主義的。啟蒙運動聲稱給基督教教義提供一些客觀的及實證的鑑別學，而大約在過去十五年來，那被稱為後現代主義（postmodernism）的運動，藉著給這聲稱打上問號，從而給保守派神學新生。

若所有的思想只有在產生它的處境中顯為正確，那麼，基督徒在一個按聖經教導而行的崇拜社羣的處境下，為試圖活出他們的信仰而所建構的教義如三一及道成肉身，從它們本身的觀點而言，這些教義是有其正確性的，而這正確性不能因啟蒙運動試圖證明並非所有教會的教義也合乎邏輯或歷史，就能乾脆地把它否定。

巴特所帶領的正統神學（orthodox theology）復興之成功，以及後現代主義的興起，使很多保守派神學家談及自由神學之死，或甚至談及啟蒙運動之終局。雖然這樣的觀點明顯是跨大的，但大約在過去十多年來，以巴特派（Barthian）及後現代主義的形式所出現的保守主義，已主導了英美兩地的大學神學。(倫敦國王學院的根頓〔Colin Gunton，1941 ～ 2003 年〕教授是巴特派傳統的主要代表。) 然而，現代保守主義跟啟蒙運動前所盛行的神學傳統，明顯有很大分別。這尤其因為現代保守主義已普遍接受了啟蒙運動的觀點，就是認為傳統基督教信念不可僅僅以理性及證據作為基礎而被建立起來，也不可受約束而要接受個別的哲學術語，如那些希羅世界的術語。現代保守派神學寧願在傳統（以一個新的方式去理解）、想像（一股在神學上不應被低估的力量）及最重要是在啟示裏，尋求對它的立場的支持。

保守派的強調

■傳統

保守派（即使是新教，他們由始以來大部分時間也抗拒一個觀念，就是傳統應當在制定基督教教義上有決定性的位置）近來已逐漸更多確信傳統的重要性。按照這景況而言，從啟蒙運動所產生的鑑別學的觀點來看，雖然我們不可理所當然地認為，新約聖經一貫地教導耶穌是上帝，或認為舊約聖經的智慧形象向我們提供證據，以支持上帝是三一的這個觀念，但是基督徒應當繼續以這方式來使用聖經，只因為這是幾百年來聖經在基督教的反省及基督教的敬拜中被使用的方式。

一個在智性上具創建性的傳統——如基督教（曾在其歷史中產生新的神學觀念，也曾啟迪人去行出許多善行及英雄式的自我犧牲）——曾創造或啟發出各式各樣的藝術及文學作品，而且曾滋潤無數人的靈性生命——像這樣的一個傳統，它本身就有其正確性，而基督徒應當繼續確認這傳統。

保守派並非沒有意識到基於證據而相信耶穌的神性所存在的困難，但他們表明，基督徒需要掌握非常充分的理由，才能放棄二千年來的神學立場，而啟蒙運動則並沒有提供這樣具說服力的理由。在一定程度上，把基督教傳統劃分出來，這是合理的：即是說，當一位基督教神學家從事相關的工作時，他可以繼續在傳統當中工作，而不用即時理會傳統外的人所說的話。一個值得存活下去或值得在智性及靈性上有所作為的傳統，它將會自行證明出它的價值來。從某程度上看，傳統可以為自己打它的仗。

■想像

若說近年來保守派及自由派神學家也愈來愈注重想像（imagination）在神學上的角色，這話也是真的。部分原因是人們減少相信哲學（不論是傳統的或啟蒙運動的哲學）及科學能為宗教信念在智性上提供支持。尤其是，當神學並非把基督教教義的觀念強調為抽象的哲學建構，而是強調它為故事——即一個關於上帝及祂跟世界互動的故事，而這故事的核心敍事片段可在耶穌這人物身上，以及在新約聖經那關於最早期基督徒經驗耶穌身為復活主的敍述裏，可以被找到。

把基督教教義視為一個關於上帝與人類關係的故事，這個理解要訴諸於想像，也要訴諸於聖經話語與理智的及創見的靈性之間那互動的能力，儘管我們知道，並非所有聖經內容在所有仔細的歷史資料上也是真確的。我們這樣做，因為我們認為聖經內容向我們述說關於我們本身的情況，以及我們所處身的世界的一些重要的事情。換句話說，聖經故事是有意義的，因為它跟我們的故事有關。

作為故事或敍事的神學，它有能力超越啟蒙運動對歷史性的耶穌或神蹟的可能性所產生的懷疑，但這對許多按字面意思來理解聖經信息的人而言，卻是一塊絆腳石，然而，它能把聖經那些轉變人生命的能力，歸還給聖經本身。或許，敍事神學（narrative theology；或普遍稱為想像神學〔imaginative theology〕）也有能力超越自由派與保守派神學家之間的差異——近年來的確有些迹象顯示，他們之間的分歧或會被淡化。（坎特伯雷大主教威廉斯〔Rowan Williams〕的著作在當代神學中受歡迎，部分原因是他在作品中訴諸於想像、故事及奧祕，以及他能使聖經信息具有當代性及挑戰性，這在某程度上同時吸引自由派及保守派的讀者。）

■啟示

然而，現代保守派在神學之復興的中心，不僅僅是對教會傳統的委身，或對聖經作想像性回應，而是關於神聖啟示的信念，而這啟示在聖經話語裏、並在聖經向我們所傳達關於耶穌的生命及位格裏，傳遞給人類。正如我們在本書第一章所見，巴特的神學建立在他對上帝的道的概念之上，而他認為，上帝的道完全是一個聖經的觀念，不受那些由初期基督教神學家所加入的哲學性含義所阻礙。現代保守主義依循巴特的洞見，持守視整本聖經為神聖啟示的途徑這看法之委身，但現代保守主義通常也會擴展那洞見，以包含一個信念：就是認為基督教從初期教會、中世紀及（對於新教徒而言）十六世紀宗教改革所承襲下來的教義性結構本身，藉上帝對教會的持續引導而可以被確認，而這引導是透過上帝的聖靈之行動——即在所有基督徒的生活中起作用的神聖臨在——而成的。（聖靈論——關於聖靈的教義——在現代保守派神學中，成為一個特別重要的強調。）

若有些東西是上帝所啟示出來的，那麼僅憑人類思想而可使之被證成判準之程度，也許還是相當有限的。人類被要求以謙虛態度來回應啟示，並且接受由聖經及傳統對他們的思想作出指導。啟示可以被理解為人類所可以獲得的關於上帝的知識，而這知識可以以神學教義的方式來表達（這是一個自然地被許多自由派所拒絕接受的啟示觀，因為自由派傾向視基督教教義為人類對啟示的回應，而非作為啟示的一部分），在這範圍內，關於啟示的信念會有助基督徒去思考，即認為他們所身處的傳統具有對確性，而這對確性是超越任何可能在傳統的觀念內的純粹邏輯的訴求的。

在今天這一切中，耶穌在哪裏？

關鍵性的問題

在整個教義式的重構中，耶穌在哪裏呢？祂也許是作為一位被弄得捧腹大笑的旁觀者，因為無可否認在現代的神學中，很多被認為是基督論的東西或被認為是耶穌那教義性的教導的東西，它們似乎很少提及福音書中的耶穌。若初期基督教的教義有時似是把焦點放在三一及道成肉身教義那些較為抽象的特徵上，而忽略耶穌的為人，那麼啟蒙運動則並非總是成功地把焦點從對耶穌觀念的關注——即關於祂的本性及位格的概念——轉移，以返回我們在福音書所讀到的歷史人物。

聖經學術研究必須為這個疏忽承擔部分指責，因為隨著啟蒙運動之後，聖經學術研究有時對凡可能被認為是關於耶穌這人物的資料，也變得傾向持懷疑的態度，以致看不見那（完全合理的）任務：就是要以那些易於與現代基督徒相關聯的辭彙，來使耶穌的生命及信息能夠被理解。

但革新的保守派也沒有把神學的焦點重新放回耶穌這人物身上；自由派與保守派神學現時在實踐上仍是傾向以哲學論據為他們爭論的中心——雖然後現代懷疑主義之興起（對所有哲學知識）已帶來那革新性的衝擊——而非提出關於耶穌那惟一終極重要的問題：耶穌作為一名歷史人物，我們對祂可以真正知道多少呢？祂對我們有甚麼重要性呢？

一位神學家——不論是傳統的還是現代的——也許能夠把關於耶穌如何可以既是人又是神聖位格，或把關於祂如何可以被稱為上帝但又受苦及死去，提出一個前後一致的解釋；但今日的基督徒如何知道這個解釋是真的呢？許多基督徒想跟隨耶穌的教導及以祂為認識上帝性情的指南，但從他們的觀點而言，那些關於神聖非動情性的教義（參本書第八章），或替關於到底耶穌是否全知或全善之爭論，就顯得相對地具有較少的意義了——若我們從福音書中找不到足夠的證據，以引導我們去思考這些問題。即使現代保守派神學也要求重視傳統及想像，但是我們也可能要與十八及十九世紀的自由派一同承認，傳統上關於耶穌的教義之對確性，本於福音書的證據，是一些我們永不能建立起來的東西。

閱讀過這書起初幾章的讀者便會知道，幸好現代的聖經學術研究已革新了它對歷史性的耶穌之注意，並且對於祂是誰及我們可以知道哪些有關祂的事這兩方面而言，現代基督徒（和那些來自其他宗教傳統或沒有宗教傳統的尋問者）站在一個比他們一些前輩更佳的位置，替自己回答祂的重要性這條問題。

基督徒應該相信哪些關於耶穌的事？

■「一位慈祥及慷慨的人」

對於當代基督徒而言，至少有一點是重要的，就是他們能知道耶穌是一位以祂的言行向別人表達關心的好人，也是那位在祂一生中為祂所教導的道德良善而樹立榜樣的人。舉一個很簡單的例子：耶穌向稅吏和罪人說上帝愛他們，而祂在行動中以祂本人對待他們的方式來表明這份愛，並在行動中向他們表明，他們（不是只有義人）也可被歸入上帝的國之中。

桑德在他的重要著作《耶穌的歷史性形象》（*The Historical Figure of Jesus*〔Harmondsworth: Penguin, 1993〕）中，就「相信耶穌是一位好人」這信念之重要性予以肯定。桑德並沒有著意要證明，福音書的證據是對歷史性的耶穌作一個完全準確的描繪：初期教會給福音書提供了很多並非追溯至耶穌本人的資料。然而，桑德認為，基於那些關於耶穌在其一生中如何行事為人的清楚證據，在一些較為欠缺明顯福音書證據的道德或倫理的處境中，祂可能表現出的行事為人之方式，還是可以被預測的。例如，基於耶穌是「一位慈祥及慷慨的人」（Sanders, *The Historical Figure of Jesus*, 192），所以我們可說，那關於上帝的國中包含非猶太人的教導是耶穌職事的特徵（與初期教會的立場相反），也是祂很可能早已預見的，即使沒有很多福音書的證據；因為相反的信念，即相信他們會被滅亡，是一個較不慷慨的意念。

除非基督徒可以說出一些如上述例子般、關於耶穌卻又較為確定的東西，否則基督教便沒有穩固的基礎以支持基督教信仰跟耶穌的歷史性形象有關，基督教也難以以任何像它那傳統模式的形式延續下去。這並非僅僅是再次指出那些相信關於耶穌的傳統教義之問題：在這個情況下，所指出的是一幅更廣闊的圖畫，那是關聯於基督教敬拜、屬靈操練及倫理的——只要那些東西跟福音書中的耶穌這人物有密切關係。雖然耶穌的復活是那件使基督教運動得以成形的事件，但對於基督徒而言，在過去多個世紀以來，卻是耶穌的品格成為他們的靈感；除非我們可以確定歷史性的耶穌跟福音書中的人物相似，否則我們難以理解一個以這人的死及復活為中心的宗教如何可以叫人信服。

自由派基督徒或許可以接受一個對即將出現世界終局錯解了的耶穌（參本書頁 249～250），但一個被歷史研究發現為一位種族主義者的耶穌，或祂的教導因祂向友伴所顯出不寬容或欠缺同情心而顯得有缺陷，這些事情就不是基督宗教可以通過辯解而解釋過去的了。

■道德上有過失的耶穌？

一些神學家認為，因為道成肉身的教義牽涉到上帝成為人的觀念，所以一位承受上述部分道德缺失的耶穌，或許仍是一位可信的救世者。這論點認為，這位特別的人可以在某方面犯上道德的過失，但這人仍可被上帝使用，以達至上帝那拯救的目的。有時，這觀念或許對聖經的解釋有用——例如這觀念有助於解釋馬可福音七章 25 至 30 節的那件事件，即是耶穌對一名希臘婦女說話時，祂所用之語言近乎是指她為一條狗。

這確實是耶穌一段難以理解之言論（然而在耶穌職事那恰當的歷史背景下閱讀這話，那認為這是種族主義表現的膚淺意見，其說服力遠較其他解釋為弱）。但由上述觀點所提出的解答也並不見得叫人信服，正是因為這解答似乎要求首先委身於道成肉身這個觀念，然後才相信把這個概念應用在耶穌這人物身上。這看法暗示著，一些教義如「耶穌是來到世間那三一中的第二位位格」，比「祂其實像甚麼人」更為重要。這看法過於注重一些觀念，但對於我們所要處理的事實卻沒有足夠的注重。這最終會給自由派的批判留有空間，以指出那解答是任意的教義建構，它根本就不可信的。所以，若耶穌要成為一個道德教師及基督徒的榜樣，那麼，基督徒能確定耶穌的品格，是很重要的。

■耶穌與當代神學的困境

強調耶穌確實像一個怎樣的歷史人物，並不表示阻止基督徒把耶穌看為一位政治解放分子、激進分子、婦女主義者或環保人士——若他們想這樣看的話。但是把太多的強調放在耶穌這方面的重構之上（例如，重構一位婦女主義者耶穌，在其職事中，其中一項最主要之目的就是對婦女作出肯定，並且逐漸削弱在其文化中那父權主義的形象），這是超出了我們在福音書資料的基礎上所可以合理地言說的範圍。這不是說它們是無效的，只是它們並非歷史性的描述。若耶穌在那個許多基督徒發現自己同樣身處的處境中，行使祂的職事，基督徒便能在臆測耶穌可能會作的事中得著力量及靈感：這實在沒有不妥當之處。

若耶穌在英國聖公會（或美國聖公會）就女性按牧而進行辯論之時回到地上，祂會對這場辯論說甚麼話呢？祂會站於哪一方呢？對於支持或反對女性按牧的人所採取的個人觀點，祂有何意見呢？對於他們的動機，他們的品格，祂又有何看法呢？這些都似是奇怪的問題。儘管如此，人可以合理地提出這些問題，只要那人注意到，人是如何使用新約聖經的證據來回答這些問題。少數新約聖經學者將會預備去提出這類問題。他們相信，對於某個特別神學性、倫理性或個人性的困境，基督徒應當自己思考耶穌會作出甚麼行動或有何意見。提出這類關於耶穌的問題，與建構關於祂的複雜教義如三一或道成肉身這傳統教義，兩者都是同樣合理的。

所以，除非基督徒可以知道一些關於耶穌的事，而且也確定祂是屬於那種他們可以真正仿傚的道德榜樣，否則基督教的信念只有很薄弱的基礎。一個被認為是屬於基督教的信仰——相對於那僅僅相信上帝或愛的價值的信仰——是需要人相信及知道某些關於耶穌的事的。

耶穌是上帝麼？

這一整章的重點已使人想到，對於許多基督徒而言，「耶穌是上帝麼？」這問題的重要性，相比起「耶穌是否以一個對基督教道德信念具決定性的方式、並且可以啟迪基督徒生活的方式，來彰顯上帝呢？」——這是許多自由派神學家曾思考的問題——只是較為次要的。然而，即使考慮到那些必然附屬於在初期教會時發展出來的傳統教義的懷疑，「耶穌是上帝麼？」這問題仍可合理地被提出。

雖知道人可合理地就傳統教義作出提問，但現代神學家已傾向把問題擴闊，以致不用再以「耶穌是否三一的第二位位格道成肉身而成的呢？」這些辭彙來提問。一個更為現代的提問方式或許是：「耶穌是否擁有一個與上帝之間的獨特經驗，以使祂成為一個有愛心及願意自我犧牲的人物？」若是的話，祂這個經驗是否因上帝特別決定要使這個獨特的人成為拯救世界的方法而有的呢？或者，耶穌的神聖身分，是因文化的或社會的演化力量在以色列歷史中發揮作用而產生的結果？以致我們可以把祂的生命視為人類尋求上帝的高峯，而非上帝尋求拯救人類的高峯呢？

當然，許多神學家會回答說，在耶穌裏，上帝主動地完成祂在以色列——即祂的選民——的歷史裏所預備要拯救人類的計劃。但這並不會阻止人提出先前的問題，而有些神學家不喜歡那個觀念，就是說上帝藉著神蹟或藉著在一個人身上那特別的神聖行動，而主動地介入世界，所以他們會寧願選擇那個演化的答案。然而，即使這些觀察仍停留在對上帝在世界那一般行動的本質所進行哲學玄思臆測的層面，而非觀察耶穌的生平，但這些觀察仍未進到問題的重心：耶穌是上帝麼？

但在耶穌的生命中，有一個特徵把我們帶回到關於祂的神性這信念的源頭之中，而且當考慮到這特徵各方面的重要性時，這特徵明確地要求基督徒去相信，耶穌不僅僅是一位老師或道德榜樣，縱然這些角色都是重要的。這個關於耶穌生平的特徵，當然就是在這生命結束後所發生的事——即復活——這事件使耶穌成為教會及上帝的國的主。

作為一件歷史事件，復活的性質存在著被提問及辯論的可能性。如耶穌的空墳墓以及復活的耶穌向門徒顯現等福音書故事，是試圖就復活這觀念作出解釋或演繹，正如它們也可以是復活發生的證據一樣。但門徒對復活的耶穌那真實體驗的情況，就不可能用相同的說法理解：這是初期基督教思想及宣講耶穌的基礎，不論是玄思臆測性的神學還是聖經研究，似乎都不可能穿越這經驗。信徒經驗耶穌為教會的復活主，這經驗讓基督教信仰在多個世紀以來得以延續下去，而正正是這個經驗那非常真實的延續性，提供了正當的理由，讓人相信關於耶穌的傳統教義在神學上仍有其重要性，不管初期教會在制定這些教義時遇到的困難是甚麼——我們在這一章也略略見過其中部分的困難。

超越所有玄思臆測性及歷史性論點，這個復活經驗為今日的基督徒提供理據以持守「耶穌是上帝」的信念，而且這經驗也確保基督徒在耶穌的第三個千禧年開始時所宣認的信仰，跟那個在祂的第一個千禧年開始時所教導的信仰一樣。

跋

當下與昔日的耶穌（Jesus now and then）——除了它似乎是指一件事：就是你對祂感到難以定調——似乎是指到你「偶爾」（now and then）想起祂，並斷斷續續地接納祂或偶爾離祂而去。在這本書內，我們起首便提到，在二千年後，人們似乎仍著迷於拿撒勒耶穌這人物，不論是基督徒或非基督徒。在教會及戲院的票房內，耶穌繼續成為熱門的話題。然而，任何關於祂的歷史性重構，也只可以讓我們知悉，祂畢生也是身處於羅馬帝國一個不知名的落後地區，祂從沒有結婚，也沒有寫下任何著作，並在一段短時間的教導及醫治生涯後就被處死了。這是一個甚麼人，可以在過去兩個千禧年內發揮出如此使人著迷的魅力呢？

在這本書的第一部分，就一個歷史學家所能獲得的資料而言，我們查看了我們所可以知道那些關於祂的事情，以及祂給祂那時代的人所帶來的衝擊。雖然我們可以重新發現一些關於其職事的資料及引致祂死亡的處境，但最重要的事情是那發生在祂死亡之後的事。新約聖經的著作之所以成形，皆因耶穌，以及初期基督徒認信上帝使祂從死裏復活。那些初期的信件及福音書的說明表明了：人們掙扎著要理解耶穌曾經是誰及現在是誰，並要理解上帝如何深深地介入耶穌的生命及職事、死亡及復活，以致他們可以把耶穌視為上帝的代理，以實現所有古時猶太人的期盼，並且他們明白到，祂也是從上帝而來的，而且曾與上帝同在——或甚至可以描述祂為上帝本身。

這本書的下半部分繼續這個故事，穿越首幾個世紀，以述說初期基督徒如何處理耶穌的教導及祂在他們的敬拜中所扮演的核心角色。然而，當人們試圖在哲學上及神學上回答關於耶穌的身分及祂跟上帝的關係等問題時，這便引致教會的大型會議的召開，也引致信經和三一及道成肉身的定義——即「上帝是三而一」及「耶穌既是神聖的又是人性的」——等經典的制定。最後，我們把故事帶回到現在，並試圖在現代甚至是後現代的文化中，把那些信念重新表達出來，這引致在教會內外、自由派及保守派，都提生出一些當代的觀點。

那共同點是提出一個認信，就是不論發生了甚麼事，我們也不可離開耶穌——或者是耶穌不可離開我們？「昔日」與「當下」之間，歷史性的耶穌與我們對祂的重構之間，在那些形成基督教傳統的早期信念與那些形成今日教會的信念之間，必然是有些關連的。人若只偶爾地注意到這點，這「當下與昔日」是永不足以把它們關連起來的。過去兩千年來的歷史在今天跟我們對質，「昔日」的事件衝擊著「當下」的我們：拿撒勒人耶穌是誰？我們怎樣理解祂？祂又怎樣理解我們呢？

參考及進深閱讀書目

第 1 章　耶穌——當下與昔日

Tautm, W. Barnes. *Jesus at the Movies: A Guide to the First Hundred Years*. Santa Rosa, Calif.: Polebridge Press, 1997。關於好萊塢對耶穌的著迷，此書提供了一個有趣的討論。

第一部分：新約聖經

以下按章列舉的書籍，與該章內容有密切關係，而它們大部分都論及很多整個第一部分所想要提出的問題。

第 2 章　歷史性的耶穌

Stanton, Graham N. *The Gospels and Jesus*. 2nd ed. Oxford University Press, 2002。此書的第二部分就耶穌的生平及職事，作了一個很好及清晰的導論。

Sanders, E. P. *The Historical Figure of Jesus*. Harmondsworth: Penguin, 1993。這是一本易讀的、關於耶穌的敍述，由其中一位重要的新約聖經學者撰寫。此書重新強調了耶穌那猶太的背景。

Theissen, Gerd, and Merz, Annette. *The Historical Jesus: A*

Comprehensive Guide. London: SCM Press, 1998。這本詳盡及仔細的習作本，給耶穌的活動提供了資源及解釋。

Wright, N. T. *Jesus and the Victory of God*. London: SPCK, 1996。此書給歷史性的探索，以及「加州學派」與「第三次探者」(Third Questers)之間的現代爭論，提供了一個優良的導論，隨後亦加上作者個人對耶穌的重構。

第 3 章　福音書中的耶穌

Stanton, Graham N. *The Gospels and Jesus*. 2nd ed. Oxford University Press, 2002。此書第一部分把每卷福音書逐一考查。

Burridge, Richard A. *Four Gospels, One Jesus?* London: SPCK, and Grand Rapids: Eerdmans, 1994。此書對在福音書內那關於耶穌的四個描繪，作了一個象徵性閱讀(symbolic reading)，並提供了關於統一性及多元性的討論。

Burridge, Richard A. *What Are the Gospels? A Comparison with Graeco-Roman Biography*. Cambridge University Press, 1992; updated edition, Grand Rapids: Eerdmans, 2004。此書是我那篇關於福音書體裁的博士論文的修訂本。

第 4 章　耶穌與保羅

Sanders, E. P. *Paul*. Past Master Series. Oxford University Press, 1991。這是一本簡短、清晰及可讀性高的著作；作者對保羅及巴勒斯坦猶太教的重新解釋，已顛覆了很多新教及信義宗對保羅的閱讀。

Dunn, J. D. G. *The Theology of Paul the Apostle*. Edinburgh: T&T Clark and Grand Rapids: Eerdmans, 1998。這是一個廣泛而又全面的論述。

第 5 章　新約聖經的耶穌觀

Witherington III, Ben. *The Many Faces of the Christ: The Christologies of the New Testament and Beyond*. New

York: Crossroad, 1998。此書對福音書、保羅書信及其他書信內關於耶穌不同的描繪，提供了一個容易理解的解釋，而這解釋則支持一個對耶穌作多元化的理解。

Tuckett, Christopher. *Christology and the New Testament: Jesus and His Earliest Followers*. Louisville: Westminster John Knox, 2001。這是一本有用的教科書，其討論覆蓋了整本新約聖經，並就耶穌的自我理解及這自我理解對今天的意義，提出很多問題。

第二部分：初期教會

第二部分很多初期教父的英文引文，都取自以下這些書，或根據它們的譯文：Stevenson, J. (revised by W. H. C. Frend) *A New Eusebius*. 2nd ed. London: SPCK, 1987， 以及 Stevenson, J. *Creeds, Councils and Controversies*. 2nd ed. London: SPCK, 1989。它們是初期教父資料最有用的系列。另外，英文引文也摘自 Bettenson, H. *The Early Christian Fathers*. Oxford University Press, 1956，以及 Bettenson, H. *The Later Christian Fathers*. Oxford University Press, 1970。

關於初期教會，一個好的導論是 Hall, S. G. *Doctrine and Practice in the Early Church*. London: SPCK, 1991。

更詳盡的論述，可參以下書目：

Chadwick, H. *The Church in Ancient Society. From Galilee to Gregory the Great*. Oxford University Press, 2001.

Frend, W. H. C. *The Rise of Christianity*. London: Darton, Longman & Todd, 1984.

第 6 章　初期教會及耶穌的教訓

在這一章中，關於游斯丁著作（*First Apology*）著作及俄利根著作（*Against Celsus*）的英文譯文，分別摘自：

St Justin Martyr. The First and Second Apologies. Translated by L. W. Barnard. Ancient Christian Writers, 56; New York/Mahwah, N.J.: Paulist Press, 1997.

Origen Contra Celsum. Translated by Henry Chadwick. Cambridge University Press, 1953.

關於《革利免二書》（*2 Clement*）的英文引文摘自：*The Apostolic Fathers*, translated by J. B. Lightfoot and J. R. Harmer, revised by Michael W. Holmes Leiscester: Apollos, 1989), 68 ~ 78。

關於安提阿的伊格那丟、游斯丁和《革利免二書》的其他英文譯文，可在這裏找到：*Early Christian Fathers*. Translated by Cyril C. Richardson et al. The Library of Christian Classics, 1. London: SCM Press, 1953；關於伊格那丟及《致丟格拿妥書》（*Letter to Diognetus*）的英文譯文，則可在這裏找到：Staniforth, M. (revised by A. Louth) *Early Christian Writings*. 2nd ed. Harmondsworth: Penguin Classics, 1987。

Chadwick, H. *Early Christian Thought and the Classical Tradition*. Oxford University Press, 1966。這是關於游斯丁、亞歷山太革利免及俄利根一本非常好的論文集。

Grant, R. M. *Greek Apologists of the Second Century*. London: SCM Press, 1988。此書就基督教護教學，提供了一個清晰而精簡的解釋。

Stark, R. *The Rise of Christianity. A Sociologist Reconsiders History*. Princeton University Press, 1996。此書是一本煽動性（但通常是沒有說服力）的著作，它嘗試把基督教解釋為一個完全安然存在於希羅社會中的中產階層宗教。

第 7 章　在初期基督教崇拜中的耶穌

早期關於主餐的禱文，一個寶貴的珍藏集：Jasper, R. C. D. and Cuming, G. J. *Prayers of the Eucharist: Early and Reformed*. 3rd ed. New York: Pueblo, 1987。

《十二使徒遺訓》(*Didache*)完整的英文譯文可見於上述分別由李察遜(Cyril C. Richardson)及斯塔尼弗斯(M. Staniforth)所編的系列。《使徒傳統》(*Apostolic Tradition*)最新的英文翻譯可見:Stewart-Sykes, Alistair. *Hippolytus. On the Apostolic Tradition*. New York: St Vladimir's Seminary Press, 2001。

Bradshaw, P. F. *Early Christian Worship: A Basic Introduction to Ideas and Practice*. London: SPCK, 1996。這位重要的崇拜禮儀學學者提供了一本簡短及容易理解的著作。

Whitaker, E. C. *Documents of the Baptismal Liturgy*. London: SPCK, 1970。翻譯的文獻結集。

第 8 章 耶穌——神性與人性

Grant, R. M. *Jesus after the Gospels: The Christ of the Second Century*. London: SCM Press, 1990。此書就一些觀念及作者,提供了一簡單直接的導引。

Kelly, J. N. D. *Early Christian Doctrines*. 5th ed. London: A. & C. Black, 1977。關於初期教會教義的歷史,此書現今仍是一本最佳的著作。

Russell, N. *Cyril of Alexandria*. London: Longmans, 2000。就五世紀關於耶穌位格的爭議,此書包含了一個很好的解釋。

Wiles, M. F. *Archetypal Heresy: Arianism through the Centuries*. Oxford University Press, 1996。此書的內容不但覆蓋了初期教會的討論,也包含了十八世紀反三一論者如惠斯頓(William Whiston)的論點。

Young, F. M. *The Making of the Creeds*. London: SCM Press, 1991.

第 9 章 關於耶穌的現代理解

Gunton. C. *Yesterday and Today: A Study of Continuities in*

Christology. 2nd ed. London: SPCK, 1997。此書是由一位重要的保守派神學家所作出的研究。

Hebblethwaite, B. L. *The Incarnation: Collected Essays in Christology*. Cambridge University Press, 1987。此書包含了一些相當非專門性的論文，它們謹慎地為傳統教義辯護。

Hick, J., ed. *The Myth of God Incarnation*. London: SCM Press, 1977。就自由派對傳統基督論的再解釋，此書提供了大部分著名的實例陳述。

Houlden, J. L. *Jesus: A Question of Identity*. London: SPCK, 1992。此書提出一個關於耶穌的自由派觀點，而這觀點是以全面的新約聖經及歷史研究為基礎的。

Swinburne, R. *The Christian God*. Oxford University Press, 1995; Swinburne, R. *The Resurrection of God Incarnate*. Oxford University Press, 2003。此書從哲學的觀點為傳統基督教教義作辯護：運用啟蒙運動的方法，而提出保守派的結論。

Wiles, M. F. *A Shared Search*. London: SCM Press, 1994, chapter 12 and 13。就如何在今天的神學中使用耶穌這人物，這兩章提供了一個簡單的考慮。

Williams, R. D. *Resurrection. Interpretating the Easter Gospel*. London: Darton, Longman & Todd, 1982。此書是一個重要的例子，展示出這位重要的神學家那超越自由派／保守派分歧的工作成果。

神學辭彙簡表

以下列出了本書所解釋的某些專門辭彙的概略定義。

上帝的非動情性（Impassibility of God）：這教義指到，上帝不能改變或不能受到任何痛苦，這包括經歷任何在祂的存有或本性上的改變或限制，或分擔任何人類在肉體或精神上的痛苦經驗，或在知識上的限制，或對朽壞的恐懼。

中期柏拉圖主義（middle Platonism）：強調上帝的超越性的哲學學派，在公元前一世紀至公元二世紀期間，具有很大的影響力。

天啟文學（apocalyptic literature）：那些「揭開面紗」、使我們看見上帝的計劃的著作，尤其是那些關係到上帝對世界終局的作品。

天啟的（apocalyptic）：來自那用來表達「顯示」或「揭露」的希臘文；它被用來指到一些文學作品，這些作品顯示著上帝在人類歷史事件背後那隱藏的手，而這些作品常見於耶穌誕生前後的猶太教。所以，"Apocalypse"也是啟示錄的另一個英文名稱。

幻影說（docetism），幻影派（docetics）：來自希臘文 *dokeo* ——意思是「似乎是」、「呈現」。幻影派相信神聖的耶穌只

「呈現」為人。

外邦人（gentile）：任何不是猶太人的人。在教會非常早期的時候，為了作為猶太人的耶穌是否同時也為外邦人而來，並且外邦人信徒是否必須成為猶太人才能成為真正的基督徒等問題，信徒有很大的爭論。保羅相信，福音是給所有人的（羅三 29～30）。在使徒行傳中，彼得需要一個從上帝而來的異象，來說服他去傳道給外邦人百夫長哥利流（徒十章）。

正典（canon）：聖經書卷的正式名單。希伯來正典包含了希伯來聖經——基督徒稱之為舊約聖經而猶太人則稱之為律法書、先知書及聖卷。新約正典即新約聖經中所見那二十七卷書。

存在主義（existentialism）：二十世紀的哲學運動，特點在於著重「本真的存在」（authentic existence）那個人的經驗，多於就神聖的及人性的本性作客觀的形而上爭論。

死海古卷（Dead Sea Scrolls）：是那些在一九四七至一九五六年期間，於死海旁的洞穴中被發現的羊皮紙及蒲草紙書卷；它們是由一個猶太人宗教社羣，於公元前一五〇年開始，以希伯來文、亞蘭文及希臘文所著的，直至公元六十八年被羅馬毀滅為止。

位格 / 本質（*hypostasis*）：在教父神學中，尤其是自四世紀以來，這是其中一個最重要的專門辭彙。在那指涉到父與子之區別的背景中，通常較方便的是把它翻譯為「位格」（person），但它其實是一個比「位格」更為抽象的辭彙，它只是發揮著確立事物之真實存在的功用。

亞波里拿流主義（Apollinarianism）：這觀點認為耶穌並不擁有人性靈魂，因而祂其實並非是完全的人，而是道內住在人的肉身之內。

亞蘭文（Aramaic）：是耶穌所操的語言。它是希伯來語的普及模式，曾是那些住在加利利、猶大及耶路撒冷的人所操的母語。至今仍有小數住在這地區的社羣操某種形式的亞蘭文。

使徒（apostle）：被差派作某人代表的人；它其他的翻譯是「特使」（emissary）、「代理」（agent）、「大使」（ambassador）或「代表」（representative）。

後現代主義（postmodernism）：這是在現代哲學及文化中一個複雜的現象。它的基礎主要是質疑人類那就事實及處境而產生客觀意見的能力。所有知識皆是相對的、主觀的（即是說那並非普遍地正確的）及被建構出來的（即是說那是由知情的人所創造出來的，而非從關於我們的世界那裏接受過來的）。後現代主義拒絕接受古代哲學的教條主義，也拒絕接受啟蒙運動的科學經驗主義，而主張一個具有彈性的及恆常地改變的精神面貌。後現代主義均被自由派及保守派的神學家所接受，但它對後者的影響力可能較大。

苦修主義（asceticism）：遵守紀律生活的實踐，它通常包括在言語、飲食、睡眠及性慾上那嚴謹的控制。這字出於希臘文 *askesis*（即「訓練」的意思）。

神修神學 / 神修主義（mystical theology / mysticism）：神學的其中一個分支，它通常藉著學習、祈禱、苦修生活及道德嘗試這幾方面，來處理人類如何達到一種跟上帝相交、聯合或建立友情的感覺。

神格唯一論（monarchianism；或撒伯流主義〔Sabellianism〕）：關於上帝統一性的信念，它包括拒絕接受一個觀念，就是視洛格斯或上帝的兒子為一個不同的神聖存有而非父的一種能力或一面。「神格唯一論」這名稱是來自希臘文 *monos* 及 *arche*，前者意思是「只有」（only）而後者是「管治」（rule）——即意味著上帝不會跟另一個神聖存有分享祂對創造的管治。

神話（myth）：以歷史性辭彙來敘述的故事，但其真正目的是為要傳遞一個重要的屬靈或神學真理。

神體一位論（unitarianism）：它是源於十六世紀的一種基督教信念形式，它通常以新約聖經沒有清楚教導三一及耶穌的神性的教義為理由，拒絕接受這些教義。在十八世紀末，神體一位論在英國及美國以一個獨特的基督教派別出現。大多數的神體一位論者也是普救論者（universalists），他們相信所有人類也將會得拯救，或至少相信拯救可以被其他宗教傳統的忠誠跟隨者所獲得，而不是基督教所獨有的。

基督論（Christology）：對基督的研究或對於「耶穌是誰」的理解。

救主（Saviour）：經常是指一位來自天上的人物，祂的生命或教導提供宗教的實現或拯救，這實現或拯救通常以從死亡或罪惡拯救出來的角度來被了解。（參路二 11；約四 42；提後一 10）

啟蒙運動（The Enlightenment）：在十八世紀歐洲發生的思潮運動；它強調研究、觀察及科學實驗，多於宗教傳統的權威及抽象的形而上臆測。

異教（pagan）：被用來指向傳統宗教崇拜及希羅世界神話的辭彙。

符類（synoptic）： 源自希臘文，意思是「把事物放在一起看」。

終末論（eschatology）：是關於末世及「最後的日子」之研究；它源自希臘文 *eschatos*，表示「最後」或「終極」之意思。

處境神學（contextual theology）：是一種理解，指到神學家所提出的問題，是會按照他們的處境——他們在生命中的位置，包括他們的性別、種族羣體、階級、性取向等等——而有所不同，以致（例如）在貧窮人中間或在那些被排拒於消費社會以外的人中間所做的神學，應該要反映出他們獨特的經驗及觀點。

普救論（universalism）：關於所有人將會得救的信念。典型的普救論者如俄利根相信，即使對於最邪惡的人而言，地獄並非一個刑罰的永恆狀態，而是一處讓人在其中被上帝鼓勵從而為他們的罪悔改，並且接受道德再教育或淨化之地方。

智者（sophist）：一個源於古雅典的辭彙，用來描述那些以教導哲學辯論的技巧來謀生的人，他們通常都是專門研究倫理方面的。基督徒作家通常從一個貶義角度來使用這字。

超越的（transcendent）：一個用來指向上帝的辭彙，指出上帝並非世界中的另一個存在物，而是完全有別於世界的存有，與世界不同，並在本性上是永恆與不變的。

經世（economy）：這本是一個希臘字詞，被特土良借到拉丁文中使用；這字的意思是「安排」（arrangement）。（在他的角度而言）藉著這「安排」，神聖的王權或對創造的管治，在三個位格中間被分享，而沒有被分割。

經驗主義（empiricism）：這信念認為，哲學當自限於只描述那些可以透過觀察或科學研究而得知的東西。而且這信念認為，關於世界的性質的信念，不應基於任何認為有更高原則（如上帝）存在之假設，因這個更高原則之存在是沒法得到證實的。

聖父受苦論（patripassianism）：關於認為父自身在十架上承受苦難（即拉丁文 *passio*）的教義——這是從一個觀點推論出來的結果，那觀點就是認為耶穌的神性是父的神性那可見的外貌，而非有別於父的神性。

聖禮（sacrament）：根據英國聖公會的《公禱書》（Book of Common Prayer）的古典定義，聖禮是「外在及可見的記號，代表著所賜給我們那內在及屬靈的恩典」。

福音（gospel）：希臘文為 *euangelion*，它的意思僅是「好消息」（good news）。Godspell 一字在盎格魯撒克遜語（Anglo-Saxon）中，也同樣是「好消息」的意思，其中「好」（good）一字只得一個字母“o”，這明顯是把上帝（God）的概念同時帶進這字之中。好消息也通常是一項宣佈，而希臘文 *euangelion* 是用來表示皇室的宣告——宣告關於皇帝或戰勝的消息。

福音書的或主的聖禮（gospel or dominical sacrament）：依福音書所述，兩個由耶穌設立及吩咐祂的門徒去持守的聖禮，即洗禮與聖餐。參馬太福音二十八章 19 節；馬可福音十四章 22 至 25 節；哥林多前書十一章 23 至 26 節。

"Dominical"(「主的」)這字來自拉丁文 *Dominus*(「主」)。

儀式(rite)：信徒在一個崇拜行為中所說或唱的話，以及所作出的行動。

撒馬利亞人(Samaritans)：那些自從撒馬利亞——即我們今日稱之為約旦河西岸——在公元前七二二至七二一年被亞述攻陷後，一直住在那裏的猶太人之後裔。在公元前六世紀，他們並沒有被擄到巴比倫，而由於他們的混合血統，所以他們遭受那些被擄歸回的猶太人鄙視。

諾斯底派/諾斯底主義(gnostic / gnosticism)：用來指到一些流行於二世紀的信念的辭彙。諾斯底主義通常拒絕接受一個觀念，就是視世界是由至高的上帝所創造的，而它通常把世界當作是一位次等或無知的創造者的作品。耶穌是從至高上帝而來的使者，祂進入這世界，以向人提供屬天層次的知識(希臘文 *gnosis*)，而人藉此知識便可以脫離創造者的操控。

彌賽亞(Messiah)或基督(Christ)：「彌賽亞」是一個希伯來字詞，而「基督」是希臘字詞——它們都是「那受膏者」的意思，即那位被上帝所膏立的人。

禮儀(liturgy)：一個關於崇拜行為之辭彙。它經常指到遵循一個言語及行動的固定形式，而非一個即興或無準備的形式。這字源自希臘文 *leitourgia*(即「服事」〔service〕)。

懷疑主義(scepticism)：這信念認為，人不能對世界有完整的知識，尤其是對世界的性質及起因這兩方面。它反對一種信念——典型的古代哲學——就是認為人的思想有能力憑純粹理性的應用以理解世界。懷疑主義源於希羅世界，但直至十八世紀，它才變得普及。

護佑(providence)：上帝對世界的一種照料，祂藉此使整個世界及個別的人實現他們被造之目的。

護教辭/護教學(apology / apologetic)：一種專為辯護宗教信念而作的演說或著作。它的辯護手法通常是藉著顯示出它的論點更為合理，或在道德上超越那些反對的立場來表達。於二及三世紀時期，這是基督教文學一種重要的體裁。

體裁（genre）：這是一個用在英語上的法文，因為英語沒有一個在意思上直接對等的字。這字是指到文學的種類、類別、形式或派別。有人較為喜愛用拉丁文 *genus* 或德文 *Gattung* 來表示上述意思。

靈魂的先存（pre-existence of souls）：衍生自柏拉圖（公元前 427～347 年）的教義；它認為人的靈魂在他們成為肉身前，是存在於一個靈性的世界中。

系統神學叢書

進入聖言思想的殿堂，剖示神學的方法及基礎。

統一與多元的基督教信仰
The Mosaic of Christian Belief: Twenty Centuries of Unity & Diversity

奧爾森(Roger E. Olson)著／李金好 譯／鄧紹光 學術顧問／HK$98

二千年來的基督教信仰就好像充滿統一與多元的馬賽克彩色拼圖，本書藉此鋪陳細述基督教各項教義。

如此我信——基督教教義導引
The Christian Faith: An Introduction to Christian Doctrine

根頓(Colin E. Gunton)著／趙崇明、鄧紹光 譯／HK$108

上帝論：全球導覽
The Doctrine of God: A Global Introduction

卡維里(Veli-Matti Kärkkäinen)著／陳永財、蔡錦圖 譯／鄧紹光 學術審閱／HK$138

聖靈論：全球導覽
Pnenmatology: The Holy Spirit in Ecumenical, International and Contextual Perspective

卡維里(Veli-Matti Kärkkäinen)著／陳永財 譯／鄧紹光 學術顧問／HK$93

基督教詮釋學淺析
A Short Introduction to Hermeneutics

賈思柏(David Jasper)著／紀榮神 譯／HK$73

基督教三一論淺析
The Trinity

奧爾森(Roger E. Olson)、霍爾(Christopher A. Hall)著／蔡錦圖 譯／HK$63

基督教神學淺析
Theology: The Basics

麥格夫(Alister E. McGrath)著／蔡錦圖 譯／HK$63

聖潔神學
Holiness

約翰．韋伯斯特(John Webster)著／陳永財 譯／HK$48

科學與宗教引論
Science and Religion: An Introduction

麥格夫(Alister E. McGrath)著／王毅 譯／HK$88

追尋真理的激情——融貫一致的福音信仰
A Passion for Truth: The Intellectual Coherence of Evangelicalism

麥格夫(Alister E. McGrath)著／陳家富 譯／HK$88

聖經導論叢書

一套高質素的原著作品，適合華人神學院和資深信徒使用的教材！

新約歷史與宗教文化導論

黃錫木、孫寶玲、張略 合著／HK$93

在學習聖經的過程中，一般人都只專注於經卷的內容，而忽略了「聖經背景」的重要性，甚至認為它是可有可無的。然而，若要正確理解聖經經文所傳達的內容，我們必須從它們的處境出發。要成功地進入經文的世界，對經文的歷史和文化背景的認識是不可缺少的。全書分兩大部分：歷史篇遠溯至希羅文明的源頭，並介紹「兩約之間歷史」、「新約歷史」及「猶太散居地」。至於，宗教文化篇則分別介紹「新約世界的希羅宗教」和「猶太人的基本信念與實踐」，主要論及有關的宗教文化概念與神學思想。

福音書總論與馬可福音導論

黃錫木 編著／HK$83

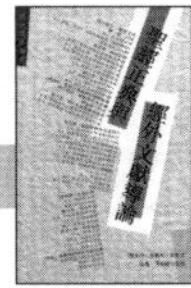

聖經正典與經外文獻導論

鮑維均、黃錫木 等著／HK$118

使徒行傳導論

袁天佑 著／HK$83

加拉太書導論

郭漢成 著／HK$63

啟示錄導論

吳獻章 著／HK$78

聖經研究叢書　探索與鑽研神的話語，傳承真理。

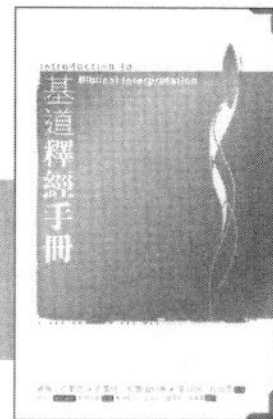

基道釋經手冊
Introduction to Biblical Interpretation
(Revised and Expanded)
威廉·克萊因(William W. Klein)、克雷格·布魯姆伯格(Craig L. Blomberg)、羅伯特·哈伯德(Robert L. Hubbard, Jr.)合著／邵樟平 學術顧問／蔡錦圖 主編／HK$258

雅各書註釋
張略 著／HK$148

記號——耶穌的先知式和預示式行動
The Signs of a Prophet: The Prophetic Actions of Jesus
何蒙娜(Morna D. Hooker)著／郭靈飛 譯／HK$58

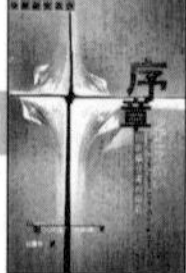

序章——開啟福音書的鑰匙
Beginnings: Keys that Open the Gospels
何蒙娜(Morna D. Hooker)著／郭靈飛 譯／HK$38

不是一個人走的路——路得記研讀(附閱讀指引)
Ruth and Naomi
愛倫·沃爾德(Ellen van Wolde)著／張淑儀 譯／HK$73

跨界福音——後現代世界裏的基督徒見證
The Bible and Mission: Christian Witness in a Postmodern World
包衡(Richard Bauckham)著／李金好 譯／HK$48

啟示錄神學
The Theology of the Book of Revelation
包衡(Richard Bauckham)著／鄧紹光 譯／HK$88

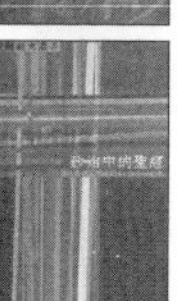

政治中的聖經——從政治角度閱讀聖經的原則與範例
The Bible in Politics: How to Read the Bible Politically
包衡(Richard Bauckham)著／廖惠堂 譯／HK$83

讀者意見表

緊扣時代 服事教會

以文字傳揚基督真道

衷心多謝你購買本社書籍。本社一直致力以出版事工服事教會，幫助信徒扎根於神的話語，促進靈命增長。為使我們的出版更能滿足你的需要，請填寫下列各項資料，並寄回或傳真予本社。

所購書籍：________________

本書最吸引你的地方：
□作者 □適切性 □文筆 □設計 □實用性
□其他：________________

購買本書地點：
□基道書樓 □基督教書店 □非基督教書店

性別：□男 □女 職業：________________

信仰：□基督徒 □非基督徒

年齡：□ 16 歲或以下 □ 17～25 歲 □ 26～35 歲
□ 36～55 歲 □ 56 歲或以上

學歷：□中三或以下 □中五 □預科
□大學 □研究院

□我欲更多了解基道出版社的事工及考慮支持，請寄給我下列資料：
□機構簡介 □新書資料 □基道會員通訊
□《基道文字事工通訊》

姓名：________________ 電話：________________

地址：________________

____

傳真：________________ 電子郵件：________________

其他意見：________________

____

多謝賜教！

意見表可以傳真（2687-0281）或直接郵寄以下地址：
香港沙田火炭坳背灣街26號富騰工業中心1011室
基道出版社編輯部收